ROTAS

PARA O ⟶
EMPREENDEDORISMO

ROTAS
PARA O ⟶
EMPREENDEDORISMO

Ozires Silva

LETRAMENTO

Copyright © 2021 by Editora Letramento
Copyright © 2014 by Ozires Silva

DIRETOR EDITORIAL | Gustavo Abreu
DIRETOR ADMINISTRATIVO | Júnior Gaudereto
DIRETOR FINANCEIRO | Cláudio Macedo
LOGÍSTICA | Vinícius Santiago
COMUNICAÇÃO E MARKETING | Giulia Staar
ASSISTENTE EDITORIAL | Laura Brand
DESIGNER EDITORIAL | Gustavo Zeferino e Luís Otávio Ferreira
CAPA | Agência ATAKE
FOTOGRAFIA CAPA | Isabela Carrari

Todos os direitos reservados.
Não é permitida a reprodução desta obra sem
aprovação do Grupo Editorial Letramento.

Dados Internacionais de Catalogação na Publicação (CIP) de acordo com ISBD

S586r   Silva, Ozires

　　　　 Rotas para o empreendedorismo / Ozires Silva. - Belo Horizonte, MG : Casa do Direito, 2021.
　　　　 144 p. ; 14cm x 21cm.

　　　　 ISBN: 978-65-86025-83-5

　　　　 1. Empreendedorismo. I. Título.

2021-236　　　　　　　　　　　　　　　　　　　CDD 658.421
　　　　　　　　　　　　　　　　　　　　　　　CDU 65.016

Elaborado por Vagner Rodolfo da Silva - CRB-8/9410

Índice para catálogo sistemático:
1. Empreendedorismo 658.421
2. Empreendedorismo 65.016

Belo Horizonte - MG
Rua Magnólia, 1086
Bairro Caiçara
CEP 30770-020
Fone 31 3327-5771
contato@editoraletramento.com.br
editoraletramento.com.br
casadodireito.com

AGRADECIMENTOS

Na preparação deste livro, muitas pessoas foram envolvidas, as quais prestaram depoimentos e tomaram muito do seu tempo para nos passar as informações valiosas que, esperamos, possam ser entendidas, ou interessar a nossos(as) leitores(as). A todas dirigimos nossos agradecimentos, pois sem o envolvimento de cada um, nada, ou quase nada, poderia ter sido feito.

Os agradecimentos também devem ser endereçados às instituições públicas do governo federal, num tempo no qual seus dirigentes mostravam um espírito empreendedor, cuja participação foi fundamental para que possamos dizer que construímos uma indústria produtora de aviões comerciais, hoje a hoje uma das 100 maiores empresas do setor aeroespacial do mundo.

Não me arrisco a citar nomes, mas eles integraram uma equipe que usou sabiamente o poder do governo e, com o propósito de estabelecer metas, trabalhou para chegar nelas. Pensaram grande e foram capazes de colocar as bases de um empreendimento, a Embraer, de cuja origem e história tive o privilégio de participar.

Nós, brasileiros(as), temos, como povo, o privilégio de viver num país democrático, embora haja distorções. Além disso, o Brasil recebeu muito da Natureza, mas precisamos de bases educacionais superlativas assim como criar os recursos humanos, os melhores, para chegar a futuros de sucesso, em todas as atividades possíveis!!!

A Embraer foi algo que contou com condições para atingir os resultados pensados, desde o começo do Século XX, visando um país continental que pudesse contar com a mobilidade aérea necessária para conectar as distantes regiões e integrá-las aos resultados nacionais, tanto econômicos como culturais. E são esses cenários e desafios que justificam este livro.

Um especial agradecimento às empresas que possibilitaram realizar este "Sonho": Azul Linhas Aéreas, Governo de Pernambuco, Sebrae e Xoqbox Tecnologia.

- PREFÁCIO — 11
- SIGA EM FRENTE — 19
- O SONHO DE VOAR — 31
- PLANO DE VOO — 49
- A DECOLAGEM — 77
- VOO DE CRUZEIRO — 99
- O POUSO — 117

PREFÁCIO

1.

Em 1975, dois jovens amigos de infância, apaixonados por tecnologia e fascinados com o advento dos novos computadores pessoais, uniram-se para criar um negócio com o objetivo de colocar "um computador em cada mesa de trabalho e em cada casa". Anos depois, o que parecia de início uma ideia insana se transformou em uma das maiores organizações que conhecemos. Os dois amigos seguiram rotas diferentes. Paul Allen (falecido em 2018) afastou-se precocemente da empresa por questões de saúde. Mas Bill Gates seguiu adiante, tornou-se o homem mais rico do mundo, e o *case* da Microsoft, sem sombra de dúvida, é um dos mais emblemáticos sucessos empresariais dos nossos tempos.

O sucesso de qualquer empreendimento não é uma tarefa simples. A construção de uma grande organização envolve um caminho longo e tortuoso, que requer: a aquisição e manutenção de múltiplas competências técnicas;

a capacidade de lançar novos produtos e serviços, adaptar-se ao ambiente e cultivar a inovação nos modelos de negócio; e o desenvolvimento de uma cultura organizacional vencedora, obstinada em prover um excelente serviço aos clientes e formar pessoas talentosas e engajadas.

Invariavelmente, por trás de cada história empresarial, é comum encontrarmos um grande líder que sonha e fareja oportunidades, e que empreende, com o mesmo rigor que sonhou, grandes projetos e realizações. O economista austríaco Joseph Schumpeter foi um dos pioneiros a enxergar e defender a importância das pessoas empreendedoras para o desenvolvimento econômico. Ao longo dos anos, seus conceitos de destruição criativa e inovação se popularizaram, e a figura do empreendedor passou a ser cultuada e admirada nos quatro cantos do planeta.

2.

Ozires Silva (a quem carinhosamente nos referimos como "Dr. Ozires" ou "comandante") é um destes raros exemplares de empreendedor, talvez o maior que o nosso país já viu. "Fabricar aviões no Brasil para todo o mundo" sempre foi o seu sonho. Sua história, assim como a de Paul e Bill, começa com uma amizade de infância e a paixão pelos aviões. Mas, assim como na Microsoft, Dr. Ozires se vê obrigado a seguir adiante sem a presença do amigo por perto.

Sem desistir, o comandante segue sua trajetória como piloto de aviões, oficial da força aérea e engenheiro aeronáutico, sem nunca perder de vista seus objetivos. Alguns anos depois, em 1968, sob sua liderança, são lançadas as bases para a criação da Embraer, um dos maiores exemplos de companhias brasileiras de sucesso que cruzaram as fronteiras nacionais e se espalharam pelo mundo. Se hoje o Brasil é referência na fabricação e distribuição de aviões, devemos muito à presença, à obstinação e à competência de Ozires Silva.

Curiosamente, o maior empreendedor do país nunca foi o dono da Embraer, que começou como empresa pública e foi privatizada anos mais tarde. Dr. Ozires teve papel fundamental nas duas fases, mas sempre priorizou o sonho de "fazer" à ambição de "ter" a Embraer.

Em 2008, após passagens marcantes em outras companhias brasileiras e no setor público, o comandante decidiu dedicar todo seu conhecimento e experiência para ajudar a transformar vidas pela educação, aceitando um convite ousado e "quase" irresponsável da Ânima Educação. Ao longo desses anos, Dr. Ozires tem inspirado a Ânima a "sonhar enorme", como ele mesmo diz, a buscar a excelência em tudo o que se faz, e a cultivar um propósito e princípios que efetivamente contribuam para transformar nosso país num lugar melhor.

3.

Hoje, a Ânima está imersa no enorme desafio de reinventar a educação, em especial a educação para a vida profissional, em um mundo volátil, incerto, complexo e ambíguo (VUCA), onde o emprego e o trabalho estão em profunda transformação. Nessa busca, temos nos dedicado a criar um novo ambiente educacional – um ecossistema de aprendizagem personalizado, digital e conectado ao mundo do trabalho, que auxilie os jovens a encontrar sua vocação, sua paixão e seguir adiante como protagonistas (e não coadjuvantes) de sua própria vida e carreira. Por essa razão, a educação do futuro será, por excelência, uma educação empreendedora. E, nesse sentido, a figura e o exemplo do Dr. Ozires são motivos de orgulho e inspiração constantes.

4.

O livro *Rotas para o empreendedorismo* que você tem em mãos é uma obra mais que especial. Antes de mais nada, vale um alerta: esta não é uma biografia do comandante Ozires Silva. Livros e documentários brilhantes sobre ele já foram produzidos e cumprem esse papel – recomendamos aqui duas delas: *Ozires Silva: um líder da inovação*, escrita por Decio Fischetti; *Nas asas da educação*, de autoria do próprio Ozires Silva, que trata da história da Embraer.

Se não é a sua biografia oficial, *Rotas para o empreendedorismo* é um tratado sobre este importante tema. Está em forma de livro, mas poderia muito bem ser um curso ou uma disciplina de graduação ou de pós-graduação. A partir de exemplos de sua riquíssima e extensa trajetória, Dr. Ozires vai descortinando, pouco a pouco, os segredos e as virtudes que definem o sucesso de qualquer empreitada. Escrita numa linguagem simples e objetiva, traços característicos da personalidade do autor, a leitura é valiosa para quem se interessa em aprender mais sobre os passos necessários para criar e manter um empreendimento vitorioso. Porém, trata-se de uma leitura obrigatória se você deseja, de fato, ser o protagonista dessa jornada.

5.

Anos depois de transformar a Microsoft na maior empresa do mundo, Bill Gates deixou a companhia e se tornou o maior filantropo que conhecemos. Atualmente, ele e sua esposa dirigem a fundação que leva seu nome, investindo seu tempo e seus recursos para resolver complexos desafios sociais de nossos tempos. No Brasil, o querido Dr. Ozires faz o mesmo. Ao dedicar-se de corpo e alma à educação, contribui para impulsionar pessoas e fomentar um país que sonha, estuda, aprende e executa com eficiência e excelência. Com toda a sua trajetória na educação, atualmente Dr. Ozires segue seu legado por meio do Instituto Ânima e mantém o seu propósito frente a esse desafio: formar a próxima geração de empreendedores(as) como Henry Ford, Walt Disney, Bill Gates e, é claro, Ozires Silva. Aqui no Brasil!

Boa leitura!

DANIEL CASTANHO
MARCELO BATTISTELLA BUENO
MAURICIO ESCOBAR
Sócios Fundadores da Ânima Educação e
Conselheiros do Instituto Ânima

SIGA EM FRENTE

Meus caros leitores e minhas caras leitoras,

Acredito ter acumulado ao longo de minha vida experiência suficiente para entender o que se passa em sua cabeça neste momento. Você quer empreender. Você está certo(a) de sua escolha e sonhou muitas vezes com algo que desejaria produzir ou construir. Pode ser um produto que imagina criar ou mesmo uma missão que pretende cumprir. Ótimo! Mas os obstáculos que parecem se colocar entre você e seus objetivos são tantos que, em determinados momentos, a sensação é a de que eles jamais serão vencidos. Muitas pessoas à sua volta parecem não entender a importância que o projeto tem para você ou parecem até mesmo duvidar de sua capacidade de levá-lo adiante, por isso fazem de tudo para demovê-lo da ideia de se lançar nessa nova empreitada. Você sabe que, para passar da ideia à ação e concretizar o que é hoje apenas um sonho, necessitará de uma empresa nova. Uma empresa que, com o tempo, seja capaz de fazer diferença, de crescer e de prosperar em um ambiente hostil aos negócios como ainda é hoje, em boa medida, o Brasil.

Empreender é ter um objetivo. É ter um motivo para seguir em frente. Esse objetivo não precisa ser, necessariamente, o de acumular riqueza material. Gerar lucro, reinvestir no negócio, criar empregos e ver a empresa expandir, tudo isso, evidentemente, é fundamental. Mas tão importante quanto os objetivos acima é o grau de satisfação pessoal que o trabalho será capaz de gerar. Isso dependerá, em boa parte, da qualidade de relacionamentos que você conseguirá instalar entre seus sócios e funcionários. Saber formar pessoas e trabalhar em equipe são dois atributos que diferenciam um empreendedor(a) nato(a). Para ter sucesso nesse campo, é necessário distinguir as qualidades das pessoas sob seu comando, incentivá-las a progredir e convencê-las a usar suas competências em prol do objetivo comum. Da mesma forma, uma pessoa de negócios genuinamente empreendedora permanece atenta à inovação, valoriza a criatividade, é organizada e se mantém alerta àquele que talvez seja o mandamento número 1 da empresa moderna – a busca da máxima eficiência ao menor custo possível.

Parece complexo. Mas, mesmo assim, o desejo de transformar sua ideia em algo sólido, capaz de gerar riquezas e de oferecer empregos, persiste e se torna cada vez mais forte. Isso ocorre apesar de todas as dúvidas que continuam a passar pela sua cabeça. Como eu posso conhecer tantos detalhes? Por favor, não me tome por presunçoso.

Mas, depois de ler e ouvir muito sobre as dificuldades de empreender, acredito ter algo a dizer a respeito. Já vivi situações semelhantes. Diversas vezes, experimentei a sensação de estar diante de obstáculos poderosos. Vivi tudo isso numa época em que as dificuldades no caminho de um(a) empreendedor(a) brasileiro(a) eram ainda mais hostis do que as atuais. Hoje, o ambiente é mais acolhedor às boas ideias. Possivelmente menos difícil.

Nos anos 30 e 40 do século passado, vivíamos em um país agrário e culturalmente atrasado. As boas escolas eram inacessíveis à imensa maioria das pessoas, e as oportunidades, de tão escassas, nem pareciam existir. Hoje, o caminho aberto por dezenas de pioneiros(as) – entre os(as) quais gostaria de me incluir, sem falsa modéstia – facilitou a conversão dos sonhos de muita gente em realidade. Veja o caso da Embraer, a Empresa Brasileira de Aeronáutica, que ajudei a fundar quase 40 anos atrás e que presidi durante boa parte de sua trajetória.

A própria existência dessa companhia acabou propiciando o surgimento de dezenas e dezenas de oportunidades de novos negócios em São José dos Campos, cidade do interior de São Paulo onde a sede da empresa se instalou. São fornecedores(as) e prestadores(as) de serviços ou simplesmente empresas varejistas que migraram para a região atraídas pela renda gerada em torno da indústria aeroespacial. Atualmente, a Embraer é uma das maiores produtoras de jatos comerciais do mundo. Já fabricou mais de 8.000 aviões dos mais variados tipos, que operam em cerca de sessenta países. Oferece milhares de empregos diretos, a imensa maioria no Brasil. É uma multinacional sofisticada e moderna, respeitada ao redor do planeta não apenas pela qualidade excepcional dos aparelhos que fabrica, mas, também, pela inteligência que reúne em seus quadros.

Ninguém tem dúvidas de que a Embraer é um empreendimento de sucesso, que soube ganhar com o tempo a confiança do Brasil e do moderno e acirradíssimo mercado mundial. Como muitos sabem, confiança se conquista. Não se impõe. O que poucos sabem é que esse gigante é o produto de um sonho de garotos. Um sonho que começou a ganhar forma, muitas décadas atrás, em um dos bancos de mármore da Avenida Rodrigues Alves de Bauru, minha cidade natal, quase no centro do Estado de São Paulo. Costumo dizer que ali funcionou meu primeiro escritório. Era ali que me reunia com meu amigo Benedicto César, o Zico, para falar de nossa paixão: os aviões. Sonhávamos com algo que parecia impossível para qualquer um e, algumas vezes, para nós mesmos. Nosso sonho, na verdade, eram dois. O primeiro era pilotar um avião – ter nas mãos o controle de uma máquina que nos permitiria vencer as distâncias mais longas com rapidez e segurança. O segundo sonho era fabricar esses aviões no Brasil.

Zico e eu conseguimos nos tornar pilotos. O sonho de meninos, em parte, virara realidade não obstante as dificuldades que enfrentávamos e os insuficientes recursos de nossas famílias – nossos pais eram instaladores-eletricistas. Infelizmente, o meu amigo não viveu o suficiente para ver a segunda parte do sonho se materializar – a criação de uma empresa portentosa como a Embraer. Às vezes, tenho a sensação de que ele esteve comigo em cada momento, desde o primeiro rebite implantado na fuselagem do primeiro Bandeirante – o avião cujos protótipos projetamos e construímos nas oficinas do CTA, o Centro Técnico Aeroespacial, em São José dos Campos, antes da Embraer existir. A empresa foi criada com muito empenho e sacrifício – ao contrário do que sempre acreditaram os que a criticavam por ser uma estatal. Até os dias de hoje, quando acompanho o trabalho das pessoas que sucederam minha geração à frente da companhia, confesso minha surpresa por ver quão longe chegamos. Desde aquele início, tenho certeza de que Zico esteve comigo em cada passo dessa jornada, me oferecendo ideias e me incentivando; alertando-me para as dificuldades que viriam e mostrando as possibilidades de contorná-las.

A Embraer nasceu estatal, no dia 19 de agosto de 1969, porque essa foi a única maneira de lhe dar vida. Precisávamos de recursos financeiros para erguê-la e, depois de ouvir recusas de dezenas de empresários brasileiros, fomos buscá-los com o governo. Quando finalmente foi entregue à iniciativa privada – num processo do qual também participei –, em dezembro de 1994, transferimos para os novos proprietários um acervo de projetos de grande magnitude, instalações de alto nível e uma extensa lista de vitórias alcançadas. Tínhamos, acima de tudo, um corpo técnico altamente qualificado, o que ajudou a reforçar uma opinião que sempre tive da relação entre o capital e o ser humano. No meu ponto de vista, o dinheiro sempre foi e será uma ferramenta e não um produto em si mesmo – como o consagrou, erroneamente, a cultura brasileira. Sabe-se que sem a ferramenta não há como tirar o parafuso da parede, mas atrás de qualquer ferramenta haverá sempre um ser humano para acioná-la.

Porém, a Embraer, ao longo de sua história, teve de superar uma longa lista de obstáculos – obstáculos que, em alguns momentos, chegaram a ameaçar sua própria existência. Sim. Há momentos na trajetória de um empreendedor ou empreendedora em que as dificuldades alcançam tal magnitude que jogar a toalha parece ser a melhor alternativa. Mas, em vez de desistir, procurávamos ver os obstáculos pelo lado positivo: o da solução. São nesses momentos que a verdadeira pessoa empreendedora se revela. O que para os outros se traduz como dificuldades, ela enxerga como um desafio. O que para os outros é uma catástrofe, para ela é a possibilidade de encontrar uma alternativa. O que para muita gente pode ser visto como um revés, para ela é parte do aprendizado. Essa é a verdadeira pessoa empreendedora e tenho certeza de que você se identificou com essas palavras que acabou de ler. Afinal, você é persistente e esse já é um traço típico da sua personalidade empreendedora. Pense nos "nãos" que ouviu até agora. A partir do momento que desejar fazer algo de novo, muitos outros "nãos" virão. As pessoas empreendedoras, aquelas que ousam desafiar as vozes contrárias, jamais teriam alcançado seus objetivos se tivessem dado ouvidos aos vaticínios dos céticos, aquele tipo de pessoa sempre disposta a apontar dificuldades mesmo com a vitória a um palmo do nariz.

Na nossa visão de jovens, Zico e eu não conseguíamos entender por que um país das dimensões do Brasil, com enormes carências na infraestrutura de transportes, não produzia as máquinas que facilitariam a integração de todo o território. Era assim que enxergávamos o meio que nos rodeava naquela época. Nas nossas cabeças, esses dois sonhos se confundiam de tal maneira que acabaram se tornando um só. Queríamos voar. Hoje percebo com clareza que o sonho de voar é um elemento imprescindível na vida de qualquer empreendedor(a), a ignição que permite dar o arranque necessário para criar um negócio.

A grosso modo, a trajetória de um empreendedor(a) pode ser dividida em cinco etapas. A primeira é o próprio e real *Sonho de Voar*. É nesse momento que o a pessoa empreendedora imagina a obra que pretende construir e se indaga sobre a capacidade dessa obra se manter de pé no futuro. Quais produtos a empresa fabricará? Quais serviços prestará? Como comercializará suas mercadorias? É nesse momento do sonho que todas essas respostas devem ser buscadas. E não se acanhe: quanto mais alto sonhar, melhor.

O segundo momento é o do *Plano de Voo*. Aqui, o sonho começa a ganhar sua forma real. É aí que se analisam as possibilidades de se alcançar um determinado destino. Ou seja, de transformar o sonho em algo concreto. É preciso avaliar com cuidado as dificuldades mais prováveis à frente, as condições meteorológicas da rota, possíveis vantagens a serem exploradas e a quantidade de combustível para vencer as várias etapas do voo. Tudo deve ser analisado com a atenção redobrada. Assim como o voo precisa de um bom plano para chegar com segurança a seu destino, uma empresa precisa de um planejamento detalhado para se manter de pé.

Com o plano na mão, é hora da terceira etapa, a *Decolagem*. É essa a última oportunidade para abortar a operação se isso se fizer necessário. Com o avião na cabeceira da pista, ainda é possível desistir. Mas, no momento em que ele começa a se mover e atinge uma determinada velocidade, a única providência que o piloto pode tomar é seguir em frente. Assim também é a empresa. A partir do instante em que ela sai do papel e ganha sua forma real – seja essa forma um galpão cheio de máquinas, um depósito de mercadorias ou mesmo uma sala pequena com mesas, cadeiras, computadores e telefones –, qualquer tentativa de abortar a operação pode se revelar extremamente arriscada. Portanto, se não tem certeza de sua intenção de voar, não decole.

Mas, eu sei que, se você é mesmo um empreendedor(a), nada fará com que desista de seu sonho. Portanto, já o imagino na quarta etapa: o *Voo de Cruzeiro*. É nessa hora que você verificará se o plano traçado estava correto ou se, ao contrário, terá de enfrentar imprevistos semelhantes aos que enfrentamos em qualquer momento de nossas vidas. É nesse instante que as turbulências surgem. É a hora de analisar todas as alternativas. É quando os caminhos alternativos precisam ser buscados. É quando sua atenção e dedicação são mais exigidas. Até o momento em que, finalmente, as condições perfeitas de um céu de brigadeiro permitam que você aviste a pista à sua frente.

A última etapa é o *Pouso*. Apenas nesse momento você terá a certeza de que seus objetivos foram alcançados e estará pronto para sonhar novos sonhos e traçar novos planos, que possibilitarão voos ainda mais altos. Mas lembre-se: não queira pular etapas. Costumo dizer que a melhor maneira de chegar ao cume de uma montanha é subindo um nível de cada vez. Mais um aviso: em todas as etapas, esteja preparado para ouvir críticas. Elas virão de toda parte, pois o mundo está repleto de engenheiros de obras prontas e de advogados de causas ganhas. Não permita que esses críticos o façam desistir. Ao contrário, procure extrair de cada crítica a melhor lição possível.

É com esse roteiro na cabeça que pretendo compartilhar com você a minha experiência. Tenho convicção, mais uma vez sem falsa modéstia, de que realizamos uma obra relevante para a história de nosso país. De que os sonhos compartilhados com meu amigo Zico, na nossa infância em Bauru, resultaram em uma obra capaz de servir de inspiração às pessoas que também desejam realizar algo que acreditam importante. Contar essa história é parte da minha responsabilidade de passá-la para a frente. Afinal, um trabalho só está realmente completo quando é reportado para outros.

Venha comigo, sonhe com paixão e entusiasmo, empreenda e tenhamos todos um bom voo.

O SONHO DE VOAR

A lguns de nós, aqueles que decidiram se tornar empreendedores, conseguem lembrar-se com precisão do fato que desencadeou o sonho de realizar algo que fosse marcante e significativo e do momento preciso em que isso aconteceu. Uma frase solta no meio de uma conversa, uma ideia que surge a partir da identificação de um problema, uma cena vista na rua — enfim, uma série de circunstâncias pode desencadear esse processo capaz de dar vida àquilo que antevimos. Não posso dizer, no meu caso, que alguma coisa específica tenha sido responsável pelo nosso sonho, do Zico e meu. Na verdade, foram vários momentos e situações que nos levaram a pensar nos primeiros passos que poderiam nos transformar em empreendedores. Lembro-me com clareza de um dos mais significativos. Era uma quinta-feira e eu, um garoto de 15 anos, cheguei em cima da hora ao colégio onde estudava, em Bauru. Entrei na sala de aula apressado, segundos antes do professor.

Mal havia me acomodado em minha carteira quando ele lançou no ar uma pergunta:

— Alguém sabe dizer o que se comemora no dia de hoje?

— Ainda ofegante, resolvi arriscar:

— Os 40 anos do primeiro voo de um avião mais pesado do que o ar.

— Certo! – disse o professor, com ar de quem não esperava que alguém na turma tivesse na ponta da língua a resposta para a questão que apresentara.

Quarenta anos antes, em 23 de outubro de 1906, o brasileiro Alberto Santos Dumont havia decolado com seu 14-Bis do Campo de Bagatelle, em Paris, e voado por mais ou menos 60 metros a uma altura de dois a três metros do chão. Nunca, antes daquele dia, o homem havia conseguido criar um objeto capaz de sair do chão com suas próprias forças. Depois de acertar o desafio que fora lançado à turma inteira, foi minha vez de perguntar: — Se o Brasil é um país tão grande e teve Santos Dumont, por que nós não fabricamos aviões?

O professor começou a falar sobre os aspectos culturais que cercavam essa questão e das diferenças que afastavam o Brasil dos Estados Unidos, por exemplo, nesse campo. O que ele dizia era um retrato exato do pensamento que vigorava naquela época e que, de certa forma, ainda está por aqui nos dias de hoje. Por esse pensamento, os americanos eram um povo mais evoluído e preparado do que qualquer brasileiro – um povo que podia tudo enquanto nós nada podíamos. O professor disse que eles eram mais bem nascidos e que haviam conseguido níveis de educação e de cultura mais altos do que os nossos. Mas a mim, que estava naquela idade em que imaginamos sermos capazes de fazer de tudo, a resposta não convenceu:

— Quer dizer que o senhor acha que os americanos são cidadãos de primeira classe e nós, de segunda?

Naquela altura eu já era um apaixonado por aviação. Pelo que me recordo, aquela foi a primeira vez que pensei na possibilidade de fabricar aviões no Brasil. Aquela ideia ficou na minha cabeça durante a aula inteira. Ao final, Zico e eu – que estudávamos na mesma classe – dividimos nossas preocupações. Ele, com 16 anos, um a mais do que eu. Nós dois éramos os líderes de um grupo de apaixonados pela aviação que se reunia em torno de uma Escola de Aeromodelismo, vinculada ao Aeroclube de Bauru. Vivíamos naquela escola.

Se neste momento compartilho essa lembrança com você – que já sabe o que significa ser um Empreendedor(a) – é para mostrar que nossos sonhos podem e, na maioria das vezes, devem passar por transformações e evoluções até atingir a forma em que ele se torna realizável. O amadurecimento melhora a qualidade de um sonho. O certo é que, na Bauru daqueles anos da década de 1940, já se sonhava e respirava aviação durante a maior parte do tempo. Com certeza, o ambiente que havia na cidade naquele momento ajudou a inocular em nós o sonho de voar. *(O sonho não é apenas a primeira etapa de um empreendimento. Ele é indispensável para qualquer iniciativa, qualquer passo à frente que pretendamos realizar).*

———————→

Muita gente considera os estímulos que recebemos do ambiente à nossa volta fundamentais para ajudar a forjar nossa vocação. Estou entre os que concordam com isso. O ambiente de Bauru e o momento histórico em que comecei a perceber o que acontecia no mundo foram fundamentais para definir o rumo que eu seguiria na vida. Bauru, onde nasci no ano de 1931, era uma cidade próspera para os padrões de um país essencialmente agrário como era o Brasil daquela época. Importante entroncamento ferroviário, a cidade era, naquele momento, um dos principais polos comerciais do oeste paulista. Com mais ou menos 40.000 habitantes, era considerada grande para um país que, àquela altura, tinha seus 40 milhões de habitantes.

Bauru era a sede da Estrada de Ferro Noroeste do Brasil. Ali também era o ponto final da Companhia Paulista de Estradas de Ferro, que partia de São Paulo em direção ao oeste do Estado. As comunicações eram muito precárias e para se conseguir um telefonema para São Paulo era preciso esperar horas a fio. Ou seja: era a cidade menos provável para fomentar o interesse dos jovens pela aviação se dois fatos não tivessem transformado completamente o ambiente à nossa volta.

O primeiro foi a eclosão da Segunda Guerra Mundial, que durou de 1939 a 1945. Tenho certeza de que Zico e eu devemos àquele conflito parte do nosso interesse pela aviação. Acompanhávamos intensamente as informações que chegavam pelos jornais ou através de um rádio de ondas curtas expandidas, um *Zenith Transoceanic*. O aparelho, adquirido por um amigo de nossa família, nos permitia receber notícias do mundo inteiro através das transmissões da BBC, de Londres. Havia uns poucos programas em português, mas a maioria era mesmo em inglês. Anos mais tarde, ganhei de presente esse *Zenith Transoceanic*, uma relíquia que conservo até hoje. De certa forma, serviu na minha juventude como uma espécie de janela para o mundo, foi responsável por ter despertado o meu interesse pelos aviões e ainda me faz lembrar vivamente meu amigo Zico – perdido tão cedo num acidente aeronáutico.

A partir dos noticiários, tirava minhas impressões que dividia em longas conversas com Zico.

Notara que o curso da guerra era determinado pelas inovações tecnológicas. Quem tinha os melhores armamentos, sobretudo os melhores aviões, estava sempre na dianteira. Um dia, eram os alemães que surgiam com os *Stukas*, aviões de caça capazes de mergulhos verticais impressionantes, tornando-os precisos nos lançamentos de bombas nos alvos selecionados. No outro dia, chegavam notícias de sucessos do caça *Messerschmitt*, também alemão. Mais tarde, foi a vez de brilhar dos *Spitfires* e dos *Hurricanes*, ingleses, dos *P-51 Mustangs* e das Fortalezas Voadoras B-17, todos de fabricação americana.

Em seguida, ficamos impressionados com a ação dos P-47 da Força Aérea Brasileira nos céus da Itália e das façanhas dos pilotos do Primeiro Grupo de Caça, comandados pelo Major Nero Moura.

Tudo aquilo era alimento que aumentava nosso interesse pelos aviões.

Certamente contribuiu para o fato de Bauru fornecer um bom número de pioneiros interessados pela aviação a decisão da Força Aérea Brasileira de transferir para o aeroporto da cidade o treinamento dos pilotos militares que, mais tarde, foram levados para o teatro da Segunda Guerra Mundial, na Itália, sob o comando de Moura. Era no aeroporto que funcionava o Aeroclube, cuja existência ajuda a explicar o fato de Bauru, uma cidade ferroviária, transformar-se em um dos principais centros aeronáuticos do país. É uma história que merece ser contada.

No final dos anos 30, o Major do Exército, Américo Marinho Lutz, foi designado diretor da ferrovia Noroeste. Ele nutria interesse e gostava de aviação.

Achava que Bauru podia se tornar um ponto importante de atividade aeronáutica. Situava-se no centro do Estado de São Paulo e gozava de ótimas condições meteorológicas ao longo do ano. Foi ele quem decidiu aplicar recursos da Estrada de Ferro e investi-lo na construção de uma escola de Aeromodelismo, numa escola de Pilotagem e numa escola de Planadores – e esse foi o segundo fato importante que fez nascer em nós o interesse pelos aviões. Uma decisão como essa – de tirar dinheiro de uma empresa pública para outra finalidade – seria mais do que suficiente, nos dias de hoje, para fazer Lutz ser convocado a dar explicações ao Ministério Público. Mas, naquele momento, ninguém questionou o "desvio" de recursos – e o Aeroclube, elogiado pelo arrojo de sua arquitetura, começou a funcionar no dia 31 de outubro de 1939.

Lutz conseguiu, com o tempo, equipar o Aeroclube com os aviões Paulistinha e comprar planadores alemães de excelente qualidade. Também comprou ferramentas e máquinas pequenas, que permitiam fazer reparos de excelente qualidade nos aviões. Depois do final da Guerra, em 1945, ele conseguiu contratar, para a Escola de Planadores, um instrutor suíço. Seu nome era Kurt Heindrich, que havia deixado a Europa, então destroçada pela Guerra, para viver no Brasil. Extrovertido e dedicado, era capaz e hábil para se relacionar com os políticos e com as pessoas – um verdadeiro líder. E, mais importante, era vidrado por aviação. Um sujeito extraordinário.

Todos esses fatos, meu caro amigo(a), mostram a importância de estarmos atentos(as) aos acontecimentos à nossa volta. Entender o ambiente em que vivemos é fundamental para ajudar a identificar as possíveis vocações empreendedoras. A Segunda Guerra Mundial e o ambiente que havia em Bauru a partir da criação do Aeroclube atraíram nossa atenção e nos fizeram ter certeza de que, de um jeito ou de outro, nossos futuros, o do Zico e o meu, estariam ligados à aviação.

———————→

A essa altura, você deve estar se perguntando de que maneira a história que acabou de ler pode ajudá-lo(la) a encontrar seu caminho como empreendedor(a). Eu respondo: minha intenção, ao contá-la, foi apenas mostrar que o ambiente ao nosso redor pode exercer uma influência determinante sobre o caminho que escolhemos. Mas, atenção! O ambiente é importante, mas não é suficiente. Havia dezenas de outros jovens que se interessavam por aviação em Bauru. Jovens que, assim como eu e Zico, ouviam as notícias sobre a Guerra e se encantavam com os aeromodelos, os planadores e os aviões do Aeroclube. Mas nenhum outro, talvez, tenha se dedicado a seu sonho com o mesmo empenho com que eu e Zico nos dedicávamos aos nossos.

Tínhamos uma visão diferente da de nossos colegas. Enquanto eles se contentavam em obter informações sobre o voo, nós buscávamos as respostas para todas as questões técnicas. As invenções embutidas nos aviões nos fascinavam. Eu me lembro, por exemplo, da primeira vez em que vi um magneto no motor de um Paulistinha – o monomotor de fuselagem de tela montada sobre uma estrutura de aço e madeira, fabricado pelo empresário paulista Francisco Pignatari, mais conhecido como Baby, então presidente da CAP – Companhia Aeronáutica Paulista. Os motores a gasolina fornecem energia rotativa fazendo explodir uma mistura comprimida com gasolina/ar na cabeça dos cilindros. Essa explosão ocorre pela ignição de velas elétricas, montadas na cabeça dos cilindros. A ignição das velas é produzida por um dispositivo acoplado à rotação dos motores, a qual os engenheiros denominaram magneto.

Assim a intensidade da ignição nas velas é cada vez mais intensa numa proporção da rotação do motor. No entanto, surgiu o problema para dar partida, quando a rotação do motor é muito baixa. Novamente a engenhosidade dos profissionais incluiu no magneto um dispositivo com molas de aço que no instante do primeiro giro do motor fazia o eixo do magneto girar, num disparo, produzindo uma chama da vela mais intensa. Foi uma engenhosa forma para dar partida no motor, sobretudo nos dias mais frios. O que me impressionou foi a solução engenhosa – poderíamos chamá-la de criação de um capacitor mecânico – encontrada para resolver este problema. Para nossos colegas, o que interessava era ver o motor ligado. Sabiam que havia ali uma engenhoca que ajudava a dar a partida e isso era suficiente. Mas para Zico e eu, isso não bastava. Ficávamos pensando no engenheiro que imaginara aquela solução, em como foi possível ter aquela ideia, em que ele pensou e que elementos considerou na hora de bolar a solução. Todos os detalhes nos interessavam.

Posso dizer que, a partir de um certo momento, toda a nossa vida passou a girar em torno da ideia de construir alguma coisa em torno da aviação. Mas ainda assim, nada indicava, àquela altura, que nos bancos de mármore da nossa Avenida Rodrigues Alves de Bauru – onde, como já disse, funcionava "nosso primeiro escritório" – estivesse sendo discutida a futura indústria aeronáutica brasileira. Essa ideia, se pudesse existir, claro, ainda era muito difusa em nossas cabeças. Naquela altura, ficaríamos muito satisfeitos se tivéssemos a certeza de que teríamos os recursos necessários para pagar os cursos que nos transformariam em pilotos. Ser engenheiros, então, era uma oportunidade extremamente remota diante de nossas possibilidades.

Mesmo assim, continuávamos dando forma ao nosso sonho. Conversávamos sobre as mais diferentes ideias, discutíamos a conveniência de fabricarmos aviões grandes ou pequenos; imaginávamos cada detalhe de nossa fábrica e, por toda parte, recolhíamos evidências que mostravam o quanto ela seria necessária. Um exemplo disso estava na própria escola de aeromodelismo que frequentávamos. Todas as peças que utilizamos para montar os modelos de aviões eram de fabricação americana. Num determinado momento, comecei a pensar que havia alguma coisa errada naquilo tudo. Não havia um único item de fabricação brasileira: a tinta, a cola, a madeira, a tela, as ferramentas, tudo vinha dos Estados Unidos. Aquilo nos surpreendia e mesmo nos indignava. Restava sempre na cabeça a pergunta mal respondida: por que eles, os americanos, conseguiram produzir tudo aquilo ao passo que nós, brasileiros, tínhamos de nos contentar em adquirir tudo lá fora?

Em que pesem aquelas colocações, aproveitávamos, é claro, todas as oportunidades que surgiam de aprender um pouco mais sobre os fundamentos da aviação. Lembro-me, por exemplo, de um avião foguete com asas de 30 centímetros que fizemos. Zico imaginava que, se utilizássemos como combustível a pólvora dos fogos de artifício juninos, teríamos um impulso mais potente do que o proporcionado pelos pequenos motores a hélice que utilizávamos em nossos experimentos. Construímos o modelo e instalamos o motor na parte de trás. Motor? Bem, tudo o que tínhamos era um cilindro de metal cheio de pólvora misturada com serragem de madeira em seu interior. Depois, fomos para uma área segura do Aeroclube, onde improvisamos uma rampa de lançamento. O problema agora era: quem daria a partida no aparelho?

Foi nesse momento que nos demos conta da presença de um colega, José Sampieri, que sempre demonstrava interesse em participar de nossas experiências. Zico e eu nos entreolhamos e, sem dizer nada um para o outro, tivemos a certeza: ali estava a pessoa ideal para nos ajudar naquele momento. Ele aceitou. Enquanto Zico e eu, prudentemente, nos escondíamos atrás de um monte de areia, Sampieri foi atear fogo ao estopim que havia na cauda do aeromodelo. O resultado? Uma explosão e tanto. O aeromodelo seguiu adiante com uma força tão grande que deixou suas asas na rampa de lançamento. Só a fuselagem seguiu viagem. Nunca mais a vimos. Sampieri caiu para trás com o impacto da explosão. Refeito do susto, se zangou, brigou conosco, mas, no final da história, acabou aceitando nossas desculpas! Qual a lição que tiramos dali? Além de termos aumentado nosso conhecimento sobre as forças da inércia, nos demos conta de que todo sonho, por mais grandioso que seja, tem seus limites. São limites de natureza ética, limites de segurança e uma série de outros. E que é preciso respeitar a todos eles.

Além de montar os aeromodelos, continuávamos nossos estudos e vivíamos nossos sonhos de voar aprendendo a pilotar planadores sob a orientação de Kurt Heindrich. O problema era que a realidade nos mostrava um cenário com o qual teríamos de nos contentar. A perspectiva mais concreta era uma vida no nosso meio que, na dura realidade, possivelmente nos ofereceria um emprego na ferrovia. Com sorte, talvez nos tornaríamos instrutores do Aeroclube. Era o que desejávamos? Nada disso. Um(a) empreendedor(a) que se preze tem que sonhar alto – e se a realidade não for satisfatória, que busque os meios para alterá-la.

Naquele tempo, não havia escolas de engenharia aeronáutica no Brasil. Todos os profissionais dessa área eram os engenheiros militares formados em escolas da França ou dos Estados Unidos. Zico e eu procurávamos nos manter informados sobre tudo o que acontecia em matéria de aviação ao redor do mundo. *(Sim: faz parte das atitudes de um bom empreendedor(a) estar o mais bem informado possível sobre tudo o que disser respeito à sua área de interesse.)*

Devorávamos todos os livros e revistas sobre o assunto que encontrávamos no aeroclube. Numa tarde, Zico apareceu com um exemplar da *Flying*, uma revista americana de aviação. Entusiasmado, mostrou-me o anúncio de um curso de engenharia aeronáutica oferecido pelo Califórnia Instituto de Tecnologia (*CAL Aerotechnical Institute*), nos Estados Unidos. Talvez, pensamos, ali estivesse a nossa chance.

No mesmo dia, escrevemos e remetemos para o instituto uma carta com um pedido de informações mais detalhadas sobre o curso. A resposta chegou semanas mais tarde e foi uma espécie de balde de água gelada sobre nossos sonhos. O curso custava mais de 1000 dólares por ano, valor exorbitante para a época, sobretudo para famílias de poucos recursos, como as nossas. Como não dispúnhamos daquela fortuna, guardamos o envelope à espera de que algum milagre acontecesse. Mas o milagre não aconteceu porque, afinal de contas, nada cai do céu para o Empreendedor(a).

Aquela resposta, claro, não nos fez desistir. Aliás, todo Empreendedor(a) bem-sucedido que conheço sempre demonstrou ser capaz de adaptar seu sonho às condições objetivas à sua frente. Mas, agora, havia diante de nós uma exigência real. Quando tínhamos 15 anos, podíamos nos dar ao luxo de investir todo nosso tempo em montar aeromodelos, em voar de planador e em falar sobre aviões no banco da avenida. Aos 17, a preocupação já era outra: o que, afinal, queríamos ser no futuro? *(Atenção: o tempo é um dos principais recursos à disposição de um(a) empreendedor(a). Portanto, não o desperdice)*

Nós queríamos seguir carreira na aviação. Mas, evidentemente, nem passava pela nossa cabeça a ideia de instalar, nós mesmos e da noite para o dia – sem recursos e sem conhecimento –, uma indústria aeronáutica brasileira.

Tampouco pensávamos na busca de um futuro emprego. Nossas aflições eram mais imediatas: preocupava-nos o fato de, naquela época, não existir uma universidade em Bauru e a constatação de que nossos pais não poderiam nos mandar estudar em São Paulo ou em outra cidade.

Não sabíamos que direção seguir até o dia em que chegaram a Bauru dois rapazes do Ceará que, rapidamente, se tornaram nossos amigos. O tio deles era o sargento do Exército que comandava o então Tiro de Guerra da cidade. Um deles, o mais velho, Edisio Sobreira Gomes de Matos, passou a ser uma espécie de nosso "consultor militar".

Edisio, aberto, alegre e cheio de vida, nos contava como eram as Escolas Militares no Brasil. Assim, passamos a compreender que se passássemos no concurso da Escola da Aeronáutica, antecessora da atual Academia da Força Aérea de Pirassununga, poderíamos aprender a voar aviões motorizados – pois, até ali, toda nossa experiência se resumia aos planadores. E de graça! Seríamos pilotos sem ter que pagar por isso. Zico e eu não sabíamos, exatamente, o que significava vestir um uniforme nem o que era ser um oficial da Força Aérea. Nosso negócio era a aviação. Fizemos o concurso, nós três. O "consultor" Edisio, Zico e eu. As provas foram realizadas em São Paulo, no final de 1946. Viajamos da Companhia Paulista de Estradas de Ferro, num vagão de segunda classe, e voltamos como gatos escaldados. Fomos reprovados. A solução, então, era uma só: estudar mais e nos preparar melhor para as provas do ano seguinte. Se esse era o caminho mais curto entre nós e o nosso sonho, era por ele que seguiríamos.

Passamos um ano inteiro em que não falávamos de outro assunto. Apenas nos preparávamos para a prova – que, agora, já sabíamos como era. Estudávamos em nosso escritório, no banco da Avenida Rodrigues Alves. Um lançava para o outro uma questão qualquer, de matemática, de química ou de física. E a resposta tinha de ser imediata, sem hesitações. Fazíamos isso o tempo inteiro. Tínhamos umas apostilas ótimas, de matemática, pelo Cecil Thiré, pai do ator de mesmo nome. No ano seguinte, fizemos os exames novamente e passamos, Zico e eu. Infelizmente, nosso amigo Edisio ficou para trás, o que mudou inteiramente sua vida.

Confesso que fiquei um pouco assustado, quando em 28 de abril de 1948, puseram-me o uniforme e virei militar, sem nunca ter feito antes uma continência na vida. E foi assim que entramos para a Escola da Aeronáutica. Foi ali, no Campo dos Afonsos, no Rio de Janeiro, que nos graduamos como oficiais aviadores, em 1951. O primeiro passo concreto na direção do futuro estava dado.

PLANO DE VOO

O sonho é parte fundamental do processo empreendedor, mas é apenas isso: uma parte. Ele dá a dimensão do projeto, mas não aponta o caminho que levará à sua realização. Ninguém vai a lugar nenhum sem saber para onde está indo. Muita gente aprende isso na teoria – mas não dá tanta importância assim à necessidade de planejar sua caminhada. No meu caso, um episódio que poderia ter me custado a vida revelou que o planejamento e, mais do que isso, o monitoramento do que foi planejado são partes fundamentais da jornada. Aconteceu ainda nos meus tempos de Bauru, em um dia que até hoje considero um dos mais importantes da minha trajetória.

Havia me proposto a obter o Brevê de Planadores, na sua categoria C. Assim, estaria qualificado a pilotar planadores avançados. Para conquistar o documento, era necessário fazer um voo de longa duração. Para tanto, precisava cumprir algumas exigências específicas. Tinha, por exemplo, de conduzir o planador até uma altitude determinada, acima do nível de largada do rebocador. E permanecer, creio, duas horas em voo, utilizando-me das correntes ascendentes do ar quente formado na superfície do solo. O dia estava perfeito, com uma boa quantidade de nuvens favorecendo a previsão de que não seria difícil contar com um empuxo vertical razoável. Decolei, rebocado por um avião que me largou a 600 metros de altitude. Estava livre. A partir dali, era comigo.

Era uma tarde quente e bonita. As condições meteorológicas respondiam de acordo com as previsões. Ganhei altura e, durante quase três horas, fiz um voo agradável. Estava feliz com meu desempenho e já imaginava o brevê no meu bolso quando percebi que havia cometido um erro grave. Não cuidei de monitorar a duração do voo, e o entardecer se aproximava. Na região de Bauru, é comum haver nos finais de tarde o aumento de intensidade de um vento mais frio, vindo do sudoeste. Isso normalmente compromete as condições de desempenho do planador, que para se manter no ar precisa contar com as correntes verticais de ar quente, conhecidas como térmicas. O problema é que eu havia deixado me levar pela emoção de estar no ar e não me tinha me dado conta de que ultrapassara todos os limites de segurança. A solução era apelar para um procedimento que não estava previsto no manual. *(Eis, portanto, mais uma lição importante para você, que é um empreendedor(a) possivelmente menos experiente: cuide bem de seu negócio e fique atento a todos os detalhes. Mesmo nos momentos em que tudo parece andar bem, ele necessita de sua atenção.)*

Quando me dei conta do perigo, já não havia mais o que fazer. A pista de pouso estava distante, do outro lado da cidade. Procurei uma área livre e me dirigi para lá. Escolhi o lugar do pouso. Transpus a copa das árvores e, segundos depois, a roda do planador tocou o chão. Para encurtar a corrida no solo, num terreno muito curto, ao sul da cidade, precisei parar bruscamente, comandando um "cavalo de pau". O planador, num solavanco, parou no meio de uma nuvem de poeira. Eu estava ileso.

Desci para verificar os danos e constatei, aliviado, que o planador estava praticamente intacto, somente com a roda traseira quebrada. Só então senti minhas pernas trêmulas. Segundos depois, chegou o instrutor Kurt, ao volante de velho Ford 1929.

Com seu sotaque carregado, ele foi logo falando:

— *Sua burra! Agorra tem que carregar este droga de folta!*

Foi exatamente o que fiz. Ou melhor, fizemos. Eu, Zico e outros colegas nos arrastamos pela velha estrada carregando o planador sobre uma velha prancha com pequenas rodas, que, com frequência, atolava nos montículos de areia. A lição que essa experiência me deixou é evidente. Felizmente, de algum modo, Kurt deve ter-me perdoado. Ganhei o ambicionado Brevê C. Mas, depois daquele dia, nunca mais me arrisquei em qualquer jornada sem me esquecer de que é preciso ir e depois voltar; sem fazer um plano detalhado e procurar cumpri-lo. Isso faz parte das ferramentas à disposição de um empreendedor(a). É preciso utilizá-la. Essa lição foi fundamental nos anos seguintes e me acompanhou durante toda a carreira.

Na Escola de Aeronáutica, no Campo dos Afonsos, no Rio de Janeiro, realizei as primeiras etapas do treinamento, até chegar ao ponto crucial da formação de piloto militar: o primeiro voo solo. Meu instrutor de voo, tenente José Esteves Costa, considerou-me pronto. Fui apresentado ao chefe da instrução aérea, que após um curto voo, me autorizou a voar sozinho pela primeira vez. Agora, já sozinho no posto de pilotagem do Fairchild T-19, um avião de treinamento de dois lugares, preparei-me para a decolagem.

Acelerei e, à medida que o avião corria pela pista, meu coração acelerava com ele. No momento em que as rodas se afastaram do chão, senti uma alegria enorme. O solo foi-se afastando lentamente e, olhando para baixo, via o mundo no qual ainda deveria viver muitos anos à frente. *(Aliás, algo que ajuda o empreendedor(a) a seguir sempre em frente é reconhecer e valorizar todas as vitórias que alcança).* Coincidência ou não, o avião que voei naquele dia 19 de agosto de 1949, de matrícula 0508, havia sido fabricado no Brasil, sob licença da Fokker holandesa, na Ilha do Governador do Rio de Janeiro. E mais: também não poderia prever que, exatamente 20 anos mais tarde, também um 19 de agosto, em 1969, o Presidente da República assinaria a Lei de Criação da Embraer, como uma nova sociedade de economia mista, com o objetivo de fabricar aviões no Brasil.

Em Dezembro de 1951, Zico e eu integrávamos a turma de cadetes do ar que receberam seu diploma de aviador militar. Havíamos nos classificado entre os dez primeiros da turma, o que nos permitira escolher a Base Aérea na qual iniciaríamos as nossas carreiras profissionais. Meu amigo seguiu sua vocação e se destinou à Base Aérea de Santa Cruz, no Rio de Janeiro, ingressando na aviação de caça, considerada a elite da FAB. Eu, porém, já tinha naquela época uma ideia que se mostraria fundamental para as escolhas que faria, no futuro, quando finalmente tivesse a oportunidade de fabricar aviões. Queria conhecer o Brasil, e a aviação de transporte era a que me abriria essa possibilidade. Fui favorecido pelas circunstâncias, pois a FAB estava criando um novo esquadrão de patrulha, em Belém do Pará. Lá, voaríamos o Catalina, um avião anfíbio de fabricação norte-americana, veterano de várias operações durante a Segunda Guerra Mundial. *(O empreendedor(a) precisa olhar sempre para frente e, ao identificar uma oportunidade, deve analisá-la com cuidado. E, ao embarcar nela, deverá aceitar alguns níveis naturais de risco).*

Aceitei o desafio de começar minha vida profissional numa região em que o avião é fundamental: a Amazônia. Ali, pude observar uma realidade que desconhecia. Ao deparar com necessidades que exigiam grande flexibilidade dos aviões para serem atendidas, me dei conta, pela primeira vez, que a indústria aeronáutica tinha um monumental desafio à frente. No futuro, teria de produzir modelos e tamanhos de aviões capazes de atender a diferentes necessidades do mercado, sobretudo num país de dimensões continentais como o Brasil. Estava convicto de que aconteceria com o avião mais ou menos o que tinha ocorrido com o automóvel. Iniciando-se com um único modelo, logo foram sendo fabricados diferentes veículos que passaram a circular pelas cidades e pelas estradas. A escolha, pelo empreendedor(a), daquilo que será oferecido ao mercado é uma ação que, podemos dizer, arriscada. Uma decisão equivocada multiplica as chances de o negócio não dar certo. Nenhum empreendedor(a) pode fazer apenas o que quer. Precisamos fazer algo que os(as) compradores(as) aceitarão. Foi essa a ideia que começou a se desenhar na minha cabeça nos anos que servi em Belém.

Antes, porém, decidi tomar uma outra decisão fundamental. Casei-me com minha namorada de infância, Therezinha, e, juntos, fizemos a viagem de 2.600 quilômetros entre o Rio de Janeiro e Belém, no final de agosto de 1952. *(A vida familiar é fundamental para o empreendedor. Em que pesem os naturais problemas no qual se engaja para o lançamento de qualquer empreendimento, ter ao lado uma esposa – ou, no caso das mulheres, um marido – que o apoie e que esteja pronta a dividir com ele os problemas é um elemento fundamental para o sucesso. A estabilidade familiar e afetiva, em muitos momentos, ajuda a compensar os altos e baixos naturais de um empreendimento).*

Foi em Belém que surgiu o projeto de se organizar algo que decidimos denominar de Correio da Fronteira. Consistia em voos regulares, usando-se os Catalina – aviões que parecem ter sido criados sob medida para os grandes rios amazônicos. Nossa missão era a de apoiar as unidades militares da área e as populações menos aquinhoadas com os recursos que a civilização poderia proporcionar. Sentíamos que transportávamos esperança e gerávamos expectativas em milhares de brasileiros que viviam numa região difícil, inóspita e ainda por ser conquistada no início da segunda metade do Século XX.

Nossos hidroaviões, que acabaram sendo conhecidos pelo apelido carinhoso de patas chocas, carregavam de tudo e atingiam os pontos mais remotos. Transportávamos tudo, médicos, dentistas, padres, representantes de cartórios, remédios e outros produtos essenciais não disponíveis na região. Lembro-me de quantas vezes vi centenas de casais esperando o desembarque do padre, quando chegávamos a esses pontos remotos do Brasil, para realizar cerimônias de casamento em massa. Era gratificante ver a expressão daquelas pessoas que, com a nossa ajuda, ansiavam regularizar perante a igreja e a justiça suas vidas em comum. Aquilo nos dava a sensação de estar levando algo mais do que bens materiais aos nossos compatriotas. *(Perceber a importância do trabalho que realiza faz parte das características de um bom(a) empreendedor(a). No caso, essa experiência me mostrou o quanto os aviões que desejávamos fabricar poderiam ser importantes para as populações dos pontos mais remotos do Brasil e do mundo.)*

Muitos episódios vividos naquela época foram fundamentalmente marcantes. Um deles, porém, foi especial. Voávamos, por volta de 1954, na chamada Calha Norte do Brasil. Um dia, pousamos no Rio Negro, exatamente na fronteira tríplice do Brasil, com a Venezuela e Colômbia.

O tenente Manfredo Sottomano – meu colega de turma da FAB – e eu pilotávamos o nosso Catalina. Estávamos longe de tudo, numa época em que as comunicações estavam distantes dos progressos atuais. Sottomano era conhecido pela sua alegria e simpatia. Ao pousarmos naquele ponto, ele abriu a janela de emergência e viu um caboclo espiando nossa descida.

Extremamente extrovertido e sempre de bom- humor, ele se dirigiu ao rapaz, perguntando bem alto:

— Oi, companheiro, aqui é aonde acaba o Brasil?

A resposta que ele ouviu foi espetacular:

— Não, senhor. Aqui começa o Brasil!

———————————→

Na verdade, meu caro amigo, você pode constatar que situações como aquela permitem experiências e aprendizados de grande valor. Aquele amazonense, longe de tudo e de todos, mostrava com apenas seis palavras o país fantástico que habitamos. Ele nos mostrava que realmente vivemos numa nação que, independentemente das colorações e dos hábitos regionais, possui um mesmo sentimento de nacionalidade. Isso parece tornar mais fácil elaborar as estratégias e as ações capazes de orientar nossos interesses comuns de desenvolvimento e progresso. De que maneira essa experiência, penso, teria influenciado meus passos nos anos seguintes? De todas as formas possíveis. Meus primeiros anos como oficial da Aeronáutica foram de intenso aprendizado e de coleta de experiência. Cada instante, cada momento, me mostraram a importância e a necessidade daquilo que eu precisava saber, para imaginar o que construir.

Fiquei na Amazônia até 1955, quando me transferi para o Correio Aéreo Nacional, cuja base era o Rio de Janeiro. A Amazônia me dera uma boa ideia das carências do Brasil. No Correio Aéreo, troquei os hidroaviões que pilotava pelos famosos Douglas DC- 3, remanescentes da Segunda Guerra Mundial. Com pouco tempo de serviço ativo, como oficial aviador, muito cedo ganhei uma expressiva experiência de voo e de vida. Claro que tive que pagar um preço por essa experiência – e como acentuei ainda há pouco, nada vem de graça para um empreendedor. Fui informado por telegrama do nascimento do Arnaldo, meu primeiro filho, pois Therezinha estava na casa dos pais, em São Paulo, e eu longe de tudo, vivendo numa das regiões mais fascinantes da Terra, a Amazônia.

Quando tratava dos papéis necessários para a minha transferência, aconteceu um fato que me marcaria o resto da vida. Certa noite, de passagem pelo Rio de Janeiro, encontrei-me com meu amigo Zico e me alojei no mesmo apartamento que dividíamos na época em que éramos colegas no nosso curso da Escola de Aeronáutica. Aproveitamos para pôr a conversa em dia. Ele estava entusiasmado com os novos aviões que pilotava, comprados na Inglaterra pouco tempo antes pela FAB. Eram os barulhentos jatos de combate Gloster Meteor. Conversamos sobre o que cada um de nós estava fazendo. Contei a ele detalhes da minha experiência na Amazônia. Em determinado momento, começamos a falar dos acidentes e dos colegas que havíamos perdido. Zico, após um pouco de hesitação, revelou:

— Sempre acreditamos que os acidentes só acontecem com os outros. Não conosco. Recentemente sonhei com clareza espantosa que um de nós estava levando o outro, morto, para Bauru.

Perguntei qual de nós e ele disse que não sabia. Depois daquele encontro, segui para São Paulo, onde passaria alguns dias de folga ao lado da família, antes de terminar as providências para nos mudarmos para o Rio. Uma tarde, ao chegar à casa de meu sogro, Therezinha me aguardava aflita no portão. Deu-me a notícia que foi um choque. Zico havia morrido! Não conseguia me concentrar. Passou um tempo antes que me recuperasse e procurasse saber o que ocorrera. Consta que, ao se aproximar da pista, no regresso de um voo de instrução, a capota do seu Gloster Meteor teria se aberto, inadvertidamente. O avião entrou em parafuso e Zico não teve tempo de controlá-lo.

Nossa amizade era conhecida na FAB. Por isso, tiveram o cuidado de me avisar que o avião que levaria o corpo de Zico para Bauru pousaria em São Paulo para me apanhar. A profecia do sonho de Zico estava se cumprindo. Um dos amigos levava o outro de volta à cidade onde passamos nossa infância e mocidade. Uma parte significativa de mim próprio estava naquele ataúde com ele. Era 18 de

Março de 1955. Zico tinha-se ido com apenas 26 anos de idade. *(Os reveses acontecem na vida de qualquer pessoa. Vistas à distância, mesmo uma situação aflitiva como essa, podem oferecer lições para um empreendedor. Uma delas é: tragédias existem e, muitas vezes, nada podemos fazer para evitá-las. É importante pensar sempre numa maneira de recuperar o terreno perdido por situações inesperadas – e, ao mesmo tempo, buscar proteção contra os eventos capazes de alterar o curso das coisas).*

---------→

A presença de Zico a meu lado desde os tempos de Bauru foi fundamental para que, juntos, alimentássemos os mesmos sonhos. De uma forma ou de outra, até ali, um nunca havia permitido que o outro desistisse. Todo mundo que tem o sonho de empreender ou que planeja fazer algo relevante na vida aumenta suas chances de ir mais longe caso consiga contar com um parceiro para compartilhar de suas ideias. Você sabe o quanto é importante ter ao nosso lado um amigo que tenha a paciência de nos ouvir e a competência de apontar nossos erros. Alguém em quem confiemos e que confie em nós. Além do sentimento fraternal que sempre me uniu a Zico, a ajuda que recebi dele foi o principal saldo de nossa convivência. Acredito que, sem ele, nunca teria chegado ao ponto em que cheguei.

---------→

A morte de Zico alterou o ritmo de minha vida. Passei a me dedicar mais ao meu trabalho. Em 1956, nasceu minha filha, Ana Maria, e isso me fez voltar um pouco mais para a família. Sem meu amigo para discutir nossos planos, a ideia de fabricar aviões parecia cada vez mais distante. Mas a necessidade de termos mais aviões era cada vez mais evidente. Pelo interior do Nordeste, do Centro-Oeste e de outras regiões do país, tive a oportunidade de perceber que os problemas que havia notado na Amazônia se repetiam pelo Brasil inteiro. Havia carências por todo lado.

Até que aconteceu uma dessas lufadas que recolocou no lugar o sonho que compartilhava com Zico. No início de 1958, eu já estava há três anos no Correio Aéreo, quando recebi um convite para me transferir para a Base Aérea de Cumbica, em São Paulo. No novo posto, mantive minhas ligações com o Correio e consegui a qualificação de instrutor de voo. Num determinado dia, precisei ir ao Rio de Janeiro renovar minha licença de voo. Como os exames demoraram, resolvi passar a noite no alojamento dos oficiais da Base Aérea do Galeão e seguir viagem de volta a São Paulo na manhã seguinte.

Por volta das três horas da manhã, fui despertado por um oficial. Era um velho amigo, o major Coelho de Souza. Constrangido, ele me explicou que também precisava renovar sua licença de voo. Logo na manhã seguinte, precisava voltar a São José dos Campos, onde estudava Engenharia Aeronáutica no Instituto Tecnológico da Aeronáutica, o ITA. Tinha conseguido um avião e a papelada necessária para realizar o teste àquela hora. Só faltava o instrutor para acompanhá-lo – e o único presente à Base naquele instante era eu. Concordei de imediato e me levantei para voar no voo, necessário para a renovação da licença.

Vesti meu uniforme, fui para o hangar e embarcamos. Durante o voo, ele começou a me contar o que era o ITA. Eu pouco sabia sobre o Instituto. Depois da morte do Zico, três anos antes, praticamente me desligara dos sonhos de infância. Coelho de Souza e eu conversamos muito durante aquele voo. Mencionei a velha ideia de fabricar aviões. Escutou com atenção e acabou me surpreendendo afirmando que, naquele momento, eu certamente preenchia todas as condições legais para requerer ao Ministro da Aeronáutica autorização para fazer concurso de admissão. Caso passasse nas provas, ganharia a bolsa para fazer o curso de Engenharia Aeronáutica.

Minha mente começou a mudar. Parecia que o Zico estava ali, falando comigo através das palavras do Coelho de Souza. Tudo clareou e passei a me sentir outro. Subi naquele avião como aviador e desci como engenheiro. A timidez que sempre tivera e que, em alguns momentos, parecia ser um obstáculo intransponível, começou a desvanecer como por encanto. Ganhei uma nova desenvoltura para enfrentar problemas.

O fato é que, a partir dali, a minha vida realmente mudou. Liguei para São Paulo, falei com a minha mulher e ela se entusiasmou – porque entusiasmo e Terezinha são sinônimos! Ela passou a ser meu segundo "ego", me estimulando e auxiliando em tudo que podia. Ganhei a autorização ministerial e prestei o concurso para o ITA. Fui aprovado! Tinha 27 anos e precisei estudar muito para competir com os mais jovens e ter sucesso nos exames.

Os cursos do ITA sempre foram pesados. O Instituto, que começou a funcionar em 1950, era resultado de um convênio da Aeronáutica com o Instituto de Tecnologia de Massachusetts dos Estados Unidos, o MIT. Enquanto estive no ITA, tinha certeza do que fazia naquela escola. Estava buscando o preparo e o conhecimento técnicos que me permitiria pensar no projeto de construir aviões. Não sabia ainda o que faria. Mas, pelo menos, teria as qualificações para trabalhar na fabricação aeronáutica. *(Note, meu/minha caro(a) empreendedor(a), que a qualificação técnica é essencial. Ela, em muitos momentos, é fundamental para o sucesso de um projeto. Em muitos momentos você será chamado a decidir e, com base nos dados disponíveis, deverá propor soluções para os problemas. Assim, estude sempre e mantenha-se atualizado. Isso poderá se constituir numa ferramenta importante, permanentemente à sua disposição.)*

Na última fase do curso, o ITA requer dos estudantes um trabalho individual. Ele deve ser executado de forma original e submetido ao crivo de um orientador designado pelo Instituto. Quase no fim do curso, enfrentei um desafio que me mostrou, mais uma vez, a importância de aliar o conhecimento técnico com a visão da necessidade dos clientes. Naquele momento, era assim, como clientes, que eu começava a considerar os pilotos da FAB. A FAB utilizava intensamente um avião, o North American T-6, que chamávamos de "T meia". Era um ótimo avião de treinamento, muito apreciado pelos pilotos, que apontavam nele apenas um problema: a capacidade dos tanques de combustível era reduzida, o que lhe dava uma autonomia de voo de apenas três horas. Resolvi que meu trabalho de conclusão do curso de engenheiro aeronáutico seria a instalação de tanques adicionais nas pontas das asas do "T meia". Aqueles tanques aumentariam a capacidade de voar por pouco mais de cinco horas, aumentando o alcance do avião.

Meu orientador, embora não estivesse convencido de que eu teria condições de entregar o projeto no prazo necessário, aprovou o trabalho. Fiz os cálculos e os desenhos dos novos tanques. No Parque de Aeronáutica do Campo dos Afonsos, cederam-me as chapas de alumínio aeronáutico de que eu necessitava. No Parque do Galeão consegui também velhos moldes de madeira para dar forma aos tanques e um excelente soldador para executar o serviço. De volta a São José dos Campos, procurei um velho companheiro e amigo desde os tempos de Cadetes do Ar na Escola de Aeronáutica do Campo dos Afonsos. Do mesmo modo que eu, também oficial aviador, tinha concluído sua graduação no ITA como Engenheiro e tinha feito um curso destacado, que lhe granjeou um dos mais valiosos prêmios que o Instituto concede aos seus alunos. Era o major Hugo de Oliveira Piva. Como Chefe do Departamento de

Aeronaves do CTA, Piva me proporcionou toda a infraestrutura técnica necessária. Cedeu desde o avião, que receberia os tanques nas pontas das asas, até as máquinas e os especialistas necessários à manufatura das peças.

Os tanques ficaram prontos em tempo, antes da formatura. Foram instalados e o avião, já com as modificações feitas, foi submetido a um primeiro teste de voo que executei eu mesmo. Foi um sucesso. Fiquei feliz quando o próprio Piva resolveu testá-lo. A satisfação logo foi substituída pela apreensão. Do chão, vi o louco ganhar altura e fazer todo tipo de acrobacia de seu repertório. Fazia *loopings*, reversões e uma série de manobras que exigiam muita aceleração e levavam ao limite da capacidade a resistência das asas – e dos tanques que estavam na ponta de cada uma delas.

Se um dos tanques se soltasse, a assimetria derrubaria o avião sem que Piva nada pudesse fazer para evitar. Felizmente, ele pousou em segurança, depois de alguns minutos de agonia. Alegremente, como se tudo estivesse normal, bateu nas minhas costas e disse que o projeto era um sucesso.

Mais do que isso. Ele próprio, Piva, propôs ao Diretor Geral do CTA que me convidasse para trabalhar no Centro, onde se concentrava, naquela época, toda inteligência brasileira em matéria de projetos aeronáuticos. Senti que aquele convite seria fundamental para o futuro das ideias que cultivava há tantos anos. Trabalhei sob as ordens do meu amigo Piva justamente no departamento responsável pelo desenvolvimento de aeronaves. Se havia um lugar onde eu gostaria de estar naquele instante era ali mesmo. *(Perceba, leitor ou leitora, que os relacionamentos são essenciais. Ninguém consegue levar à frente uma nova ideia se não tiver a seu lado colaboradores(as) e parceiros(as) que trabalhem com confiança e apreço. Suas chances de sucesso aumentarão se você for capaz de conquistar pessoas, de cultivar amizades e, sobretudo, de liderar com competência e respeito).*

———————→

Depois que assumi meu posto no CTA, pude conhecer um pouco mais da indústria aeronáutica brasileira. Naquela época, havia umas sete ou oito empresas pequenas, mal capitalizadas, que fabricavam os famosos teco-tecos e lutavam para encontrar quem comprasse seus aviões. De vez em quando, o governo liberava verbas para que algum aeroclube, ou a própria FAB, fizesse suas encomendas. Algumas daquelas companhias tinham um foco mercadológico claro – mas competiam em condições de desvantagem com os aviões importados. Outras não sabiam exatamente que mercado pretendiam atingir com os aparelhos que produziam. Fazer o avião, para elas, quase que bastava. Os mecanismos necessários para as vendas poderiam ser encontrados depois que o aparelho estivesse pronto, o que dificilmente acontecia.

Desde aquela época, eu acreditava no inverso disso. As chances de sucesso de uma empresa aumentariam caso fabricasse um produto ou prestasse um serviço para o qual já existisse demanda. Certamente, a probabilidade de êxito no mercado seria bem maior – e as vendas governamentais, se ocorressem, somente ampliariam a receita da companhia. Em outras palavras, é preciso conhecer o cliente. Dentro do universo de compradores de qualquer produto *(esse é um detalhe para o qual o(a) empreendedor(a) deve estar sempre atento(a))*, há aqueles que compram tudo, que têm vontade impressionante de consumir e adquirir tudo o que encontram pela frente.

Na outra ponta desse universo, há pessoas que até têm condições, mas que jamais comprarão aquilo que produzimos. A grande maioria, no entanto, é formada por pessoas que precisam ser estimuladas no momento da compra – e o melhor estímulo que pode existir é um produto que pareça ter sido feito sob medida para suas necessidades. Por isso, é fundamental tentar vislumbrar, na hora do planejamento, quem serão os nossos clientes. Se planejarmos e lançarmos na praça um produto de excelente qualidade, mas que não encante nem atenda às exigências do consumidor, o fracasso será inevitável.

Essa ideia já estava muito clara na minha cabeça quando um outro fato contribuiu para torná-la ainda mais nítida. Naquele início da década dos 1960, havia uma série de companhias aéreas no Brasil. Tínhamos a Varig, a Panair, a Vasp, a Cruzeiro do Sul, a Sadia (mais tarde, Transbrasil) e a Real, além de outras menores. Num espaço de tempo muito curto, entre o final de 1964 e o início de 1965, três acidentes aéreos graves ocorreram. Num deles, na Ponte

Aérea entre São Paulo e o Rio de Janeiro, morreram todos os passageiros a bordo. Com rapidez cresceu um clamor público, que pôs em dúvida o nível de segurança operacional da aviação de transporte nacional. Foi nomeada uma comissão para analisar o problema, da qual fiz parte.

Certa madrugada, consultava alguns dados contidos em documentos do Departamento de Aviação Civil, o DAC, quando dei de cara com um fantasma. Apenas seis anos antes daquela data, o Brasil tinha quase 400 cidades servidas pelo transporte aéreo. Naquele momento, restavam apenas 45. Aqueles dados eram mais reveladores do que poderiam parecer à primeira vista.

———————————>

Por que a aviação brasileira de transporte havia abandonado, em apenas seis anos, cerca de 90% dos aeroportos em que costumava operar? Essa era a pergunta que, pensava eu, precisaria ser respondida. O que havia acontecido para justificar aquela situação? Uma parte do problema, deduzi, eram os próprios aviões. Eles haviam crescido demais, aumentado a velocidade e se tornado incompatíveis com as possibilidades de geração de tráfego nas pequenas cidades. Os primeiros jatos para passageiros estavam chegando e precisavam de pistas longas e pavimentadas para operar. A grande maioria dos aeroportos brasileiros somente contava com pistas curtas e não pavimentadas. Por outro lado, as pequenas cidades não geravam passageiros em quantidade suficiente para cobrir os custos de operação dos aviões maiores.

Assim que voltei ao CTA, me reuni com o pessoal que trabalhava comigo e apresentei a ideia de fazermos um avião capaz de levar o transporte aéreo de volta àquelas cidades. Começamos a discutir o assunto. No princípio, a discussão girou em torno de nossa capacidade de criar aeronaves com as características necessárias e solicitadas pelas empresas operadoras. Fizemos considerações sobre o passageiro do futuro, que sempre desejaria atingir o seu destino, qualquer que ele fosse, no horário que desejasse. Isto nos mostrava claramente que aviões menores, voando em todas as direções, teriam chances maiores de sucesso do que os grandes jumbos que pareciam dominar o interesse dos operadores.

Naquela época, ainda não se falava em aviação regional. E, com toda convicção, afirmei acreditar que o transporte aéreo regionalizado teria condições de dominar o cenário nos anos seguintes. Todos concordavam com esse princípio, mas não havia acordo em relação ao tipo de aeronave que atenderia a essa necessidade. Naquele primeiro impacto, tivemos de recuar e tomar mais tempo para pensar. Precisávamos, pensei eu, de algo que mobilizasse as ideias, que estimulasse as pessoas a acreditarem que algo novo estaria nascendo.

O sonho que alimentei desde Bauru começava, naquele momento, a fazer mais sentido. Tudo o que havia aprendido até então, na Escola de Aeromodelos, na Escola de Planadores, na Escola de Aeronáutica, na Amazônia, no Correio Aéreo, nos bancos escolares do ITA e, depois, no CTA, parecia convergir para um mesmo ponto. Eu começava a ter uma ideia bem mais clara do tipo de produto que poderia ser nosso ponto de partida. Todas as informações necessárias para montar o planejamento da empresa que sempre tinha imaginado estavam agora na minha frente. Ainda não tinha noção de que nossos aviões poderiam ganhar o mundo. Meu foco, naquele instante, era o cenário brasileiro, o único que eu conseguia enxergar.

O grupo que discutia aquelas ideias naquele momento era formado por quatro pessoas: o engenheiro Ozílio Carlos da Silva, o engenheiro Antônio Garcia da Silveira e eu, todos formados pelo ITA, e mais o coronel Renato José da Silva, esse último do efetivo do CTA. Num certo dia, no meio de uma discussão, surpreendi meus colegas dizendo que nossa ideia não tinha condição de seguir adiante:

— Em torno dessa mesa, tem três Silvas e um Silveira. Com esses sobrenomes, nunca daremos certo como construtores de aviões.

Todos riram do comentário feito em tom de piada. Para construir aviões, prossegui na brincadeira, teríamos de ter entre nós alguém de nome e sobrenome que inspirasse credibilidade. Com aquele monte de Silvas não iríamos muito longe, insisti. O pior é que, por trás daquela piada, havia uma verdade difícil de admitir. Nenhum de nós tinha trabalhado no desenvolvimento de um avião real. Ninguém participara da concepção, do projeto e da produção em série de um avião que já tivesse voado. Éramos bastante neófitos. A verdade era que não sabíamos, naquele momento, nem por onde começar a fazer um avião. Podíamos, no máximo, iniciar algum projeto, mas certamente haveria muito o que aprender até termos condições de produzir um protótipo.

Essa discussão se deu no final da tarde. Por volta das nove horas daquela mesma noite, o José Carlos Neiva, que era presidente da Indústria Aeronáutica Neiva, me telefonou. Perguntou se eu poderia receber para uma conversa um engenheiro francês que estava de passagem pelo Brasil. Seu nome era Max Holste, um francês atarracado, que demonstrava muita competência e nenhuma simpatia. Era conhecido no meio aeronáutico como o projetista do monomotor Broussard e do bimotor Super Broussard, dois aviões muito robustos, projetados e desenvolvidos sob contrato da Força Aérea Francesa. Procurei me colocar disponível e, devido a uma viagem que Max Holste faria na manhã seguinte, o encontro foi marcado para as dez horas daquela mesma noite.

Começamos a conversar, e eu me convenci de que Holste tinha a experiência prática que nos faltava. Seria a pessoa ideal para nos ajudar a desenvolver aqueles projetos que seriam um bom ponto de partida para uma futura indústria aeronáutica no Brasil. Como sempre, pensando naquela ideia de construir aeronaves para os voos regionais, fui-me deixando levar pelo entusiasmo e procurei convencê-lo a vir para o Brasil para trabalhar conosco. Max, entusiasmado, disse que aquele era o tipo do projeto que o faria ficar aqui. Neste momento, pensei comigo mesmo: "Silva não faz avião, mas Holste pode fazer."

Max tinha realmente gostado da proposta do projeto de um avião bimotor de transporte de passageiros que pudesse trazer de volta às pequenas cidades o serviço de transporte aéreo. Naquela madrugada, fui para a cama com medo de haver me comprometido demais. Eu era apenas um chefe da seção de operações, do Departamento de Aeronaves do Instituto de Pesquisa e Desenvolvimento (IPD). Tudo isso era subordinado ao diretor-geral do CTA, o brigadeiro Henrique Castro Neves, claramente avesso a novos projetos dentro do Centro. Deveria ter consultado meus superiores antes de entusiasmar o francês. Isso sem falar que ainda havia um oficial general entre o diretor do CTA e o Ministro da Aeronáutica.

Eu havia assumido com Max Holste um compromisso que deveria, antes, ter sido submetido à aprovação de pelo menos quatro oficiais de maior nível hierárquico na FAB. Empreendedor é assim mesmo. Quando percebe que está diante de uma oportunidade útil a seu projeto, faz o que pode para não perdê-la. Max tinha a experiência que nos faltava no desenvolvimento de um projeto como aquele. Não podíamos abrir mão dele naquele instante.

Max voltou para o Marrocos, onde morava naquela época. Passei, então, a tentar equacionar o problema que eu mesmo havia criado. Propor algo naquele sentido para o brigadeiro Castro Neves seria impossível, entendia eu. Avesso a novos projetos, o brigadeiro, num determinado momento, chegou até mesmo a considerar a hipótese de fechar o nosso Departamento de Aeronaves. Novamente, a sorte pendeu para o nosso lado.

O brigadeiro Castro Neves designou para Diretor do IPD o coronel Sergio Sobral de Oliveira, um velho e competente amigo. Ele, por sua vez, tinha significativo prestígio junto ao brigadeiro Oswaldo Balloussier, diretor-geral da Diretoria do Material Aeronáutico do Ministério. O brigadeiro Balloussier, engenheiro aeronáutico formado em Paris, era conhecido pela sua admiração e amizade pela França. Imaginei que, se fosse conseguida uma entrevista de Max Holste com o brigadeiro Balloussier, a probabilidade de uma contratação aumentaria.

Naquela época, as maiores verbas disponíveis estavam sob o controle da Diretoria do Material.

Falei com o coronel Sobral que, convencido da boa ideia que seria projetar o avião de transporte regional, marcou a conversa. E tudo funcionou como previsto. O brigadeiro Balloussier concordou em contratar o Max Holste para trabalhar no Departamento de Aeronaves em projetos de interesse da Diretoria. Estava marcado o gol. O Max trabalharia conosco.

No entanto, como se sabe, nem tudo sai como imaginado. Balloussier determinou que o projeto inicial seria o de remotorização de aviões de treinamento da FAB (os mesmos "T meia" que receberam os tanques nas asas, no meu projeto de conclusão do curso no ITA) para torná-los mais modernos. Max reagiu considerando que, ele, como projetista de aviões, não se engajaria no que ele chamou de *"bricolage"*. Procurei amenizar a situação e encarreguei Max de conduzir o projeto do novo avião, enquanto uma equipe composta por engenheiros brasileiros, já lotados no Departamento, era posta para trabalhar na substituição dos motores dos aviões de treinamento.

Minha atitude demonstrava uma indisciplina séria do ponto de vista militar. Começamos a trabalhar nessa alternativa e, somente escapamos de questionamentos e punições por uma questão de tempo. Quando o brigadeiro Balloussier foi informado sobre o desvio dos projetos, já estava com um pé na reserva. Ou seja, já não tinha mais autoridade para qualquer ação mais drástica contra nós. Evidentemente, conto esta história apenas para mostrar ao jovem empreendedor que, muitas vezes, o caminho mais curto entre dois pontos não é a linha reta. Não é incomum que o empreendedor precise, por vezes, pagar preços altos para levar sua ideia adiante. De qualquer forma, tenho convicção de que, se tivesse seguido a ordem ao pé da letra, hoje o Brasil não teria sua indústria aeronáutica. Valeu a pena ter corrido o risco.

Tudo isso aconteceu em meados de 1965. O círculo estava se fechando. Tínhamos ideia de que o mercado aceitaria um avião como o que estávamos concebendo. Ou seja, nosso produto teria oportunidade de competir num mercado que, dali a pouco tempo, demandaria aviões como aquele. Procurávamos acompanhar as reações das empresas de linhas aéreas por meio de conversas com seus executivos e da leitura das revistas de aviação dos Estados Unidos e da Europa. E todas as informações que recolhíamos mostravam que estávamos no caminho certo.

Quando o Max Holste começou a trabalhar conosco, já tínhamos pessoal capacitado, engenheiros recrutados nos diferentes departamentos do CTA e no quadro de professores do ITA. Eles eram capazes de levar adiante o projeto. Foi um período duro e de muito trabalho. Mas, graças ao permanente empenho e à dedicação de muitos dos colaboradores que, pouco a pouco, foram se entusiasmando com a ideia, em outubro de 1968 ficou pronto o protótipo de nosso primeiro avião, o IPD-6504, como foi designado oficialmente.

A DECOLAGEM

Espero que você esteja encontrando nessa trajetória elementos suficientes para ajudá-lo(a) a definir o rumo de seu projeto. Até aqui, procurei mostrar a importância de se elaborar um produto adequado para a necessidade do mercado. Da ideia do produto é que se inicia o processo produtivo. É bom que fique claro que, em geral, quando rememoramos o passado, falamos apenas daquilo que deu certo. Muitas coisas nessa história não saíram exatamente do jeito que havíamos planejado. Tivemos que refazer projetos várias vezes, tivemos que paralisar todo o trabalho nos diversos momentos em que faltaram recursos – mas, com aquela determinação tão característica de quem quer construir algo novo, seguimos em frente. Perceba o seguinte: até aqui, nossa maior preocupação tinha sido técnica. Ainda não havíamos parado para pensar, de maneira concreta, no grande volume de recursos financeiros e materiais que seriam exigidos para o dia que precisássemos colocar nossa empresa no ar. Até aquele momento, no entanto, essa era uma preocupação secundária.

Sempre recusei, e ainda me recuso a aceitar, a ideia de que o dinheiro tem mais valor do que o produto. Dinheiro, muita gente tem. Ideias vencedoras são mais raras. O que havíamos feito, até aquele momento, era traçar o caminho que permitiria a transformação de nosso sonho em realidade. Também havíamos trabalhado para convencer uma série de pessoas – inclusive nós mesmo – de que nossas ideias eram boas o suficiente para se sustentar de pé. Nossas conquistas tinham para nós um valor enorme: estávamos certos de que não havíamos chegado até ali sem correr riscos. *(Aliás, quem imagina ser possível empreender sem correr riscos pode desistir. O risco está tão presente no ato de empreender quanto a raiz está presa no caule. Um não existe sem o outro.)*

Nenhum empreendedor se arrisca pelo prazer de viver perigosamente. Correr riscos por prazer não é meritório, mas leviano. Em resumo, o que quero dizer é que, quando bem calculado e analisado, o risco torna-se parte do processo. Eu, por exemplo, havia colocado a minha carreira militar em risco no momento em que, de forma consciente, alterei o curso de um projeto aprovado por um oficial superior, no episódio da contratação de Max Holste. Não se esqueça que estávamos vivendo, ainda, os primeiros momentos no regime implantado em 1964 e bastaria uma ordem de que eu fosse punido, talvez até mesmo com a expulsão da Força Aérea. Mas não agi de má-fé nem de forma irresponsável. Eu estava convicto de que o nosso projeto era muito mais importante para o país do que a reforma dos velhos aviões de treinamento e que ele acabaria se impondo por seu próprio mérito.

Percorrendo aquelas linhas de risco, conseguimos materializar a possibilidade de criar nosso avião. Sabíamos que o sonho só se completaria no dia em que o IPD-6504 fosse produzido para atender às necessidades para as quais havia sido concebido. Pensávamos em atender o mercado brasileiro, sem imaginar que aquele avião faria muito mais sucesso nos Estados Unidos, na Europa e na Austrália do que em nosso próprio país. De qualquer forma, sabíamos que um ou dois protótipos feitos nas oficinas do CTA, com material cedido pela Aeronáutica, não seriam suficientes para cumprir nossa missão. Precisávamos ter, para isso, uma empresa organizada, com instalações adequadas, pessoal próprio e recursos para investimentos. Isso teria de esperar.

A criação de uma empresa, como se sabe, exige uma série de ingredientes que nós não dispúnhamos. O mais importante deles é o capital para financiar os investimentos iniciais. Na medida em que o projeto do avião avançava, toda a equipe passava a se preocupar com o passo seguinte. Nos momentos de maior apreensão diante da falta de dinheiro, muitas vezes retornei aos meus tempos de moleque em Bauru e pensei:

— Se a falta de recursos não nos impediu de chegar até aqui, não será ela que irá fazer com que deixemos de seguir adiante com nossa ideia.

Não tínhamos os recursos materiais necessários para a criação de nossa empresa, mas dispúnhamos de outros ingredientes fundamentais. Tínhamos, por exemplo, uma extensa rede de relacionamentos – composta por pessoas que reconheciam a importância de nosso trabalho e apoiavam nosso sonho. Os relacionamentos, claro, não substituem o capital necessário para a realização do sonho. Mas podem abrir as portas certas para que você resolva seus problemas em menos tempo e com menos desgastes.

(Se você tem um sonho e precisa de capital para realizá-lo, tenha certeza: o recurso sairá de algum lugar. Desde que você disponha de um bom projeto, tenha persistência e nunca perca o ânimo diante dos "nãos" que ouvirá em grande quantidade. Você conseguirá alcançar seu objetivo.)

Sempre fiz questão de cultivar bons relacionamentos ao longo da vida profissional. É no convívio com as outras pessoas que se constroem as grandes oportunidades. O que não constrói oportunidades é ficar em casa, sem fazer nada, esperando que a chance de ouro bata à porta e peça para entrar. *(Aliás, todo bom empreendedor e empreendedora sabe o quanto é importante manter contato com as pessoas certas e o quanto o seu sucesso depende da ajuda e do apoio que recebe de pessoas que, muitas vezes, nem estão diretamente envolvidas com o projeto.)*

Tínhamos a ideia do avião que queríamos fazer. Nossa equipe contava, agora, com uma pessoa com experiência suficiente para dar forma e conteúdo àquele sonho. Tínhamos um grupo entusiasmado e comprometido com o sucesso de nosso projeto. Nossas vantagens, no entanto, paravam por aí. Em todos os outros quesitos, estávamos no meio das condições mais precárias que poderiam existir. Para começar, nosso trabalho havia começado de forma praticamente clandestina e, mesmo depois que chegou ao conhecimento dos superiores, não recebeu verba em quantidade suficiente para nos dar um horizonte razoável de trabalho.

A partir de 1966, houve uma mudança positiva no cenário. O CTA passou a ter um novo diretor-geral, o Brigadeiro Paulo Victor da Silva, um outro Silva no caminho da aviação brasileira. Entusiasmado, o brigadeiro tinha uma mentalidade completamente diferente da de seu antecessor. Formado em engenharia pelo próprio ITA, o brigadeiro Paulo Victor não apenas aceitou que levássemos nosso sonho adiante, como o adotou como se tivessem partido dele as ideias originais. O problema é que o país, nada diferente dos dias em que este livro foi escrito, vivia momentos de contenção de investimentos públicos – o Ministério da Aeronáutica não liberava os créditos necessários para cobrir os custos. Em outras palavras, tínhamos recebido autorização para levar o projeto adiante, mas, ao mesmo tempo, não poderíamos gastar um tostão para executá-lo. Para quem pretendesse jogar a toalha, ali estava uma oportunidade e tanto de sair do ringue com honras. Contudo, não era o nosso caso.

O brigadeiro Paulo Victor tornou-se cada vez mais importante para o projeto. Continuou a nos apoiar, cedeu pessoal e cobriu despesas. Seu entusiasmo pelo projeto impregnou todas as outras áreas do CTA. O brigadeiro alocava no nosso Departamento, ainda que temporariamente, pessoas recrutadas para atuar em outros projetos do CTA. O próprio ITA colaborou, cedendo técnicos e professores – profissionais que vinham trabalhar conosco sem perder a condição de funcionários públicos, o que lhes garantia estabilidade e uma série de outras vantagens. Finalmente, também a FAB começou a demonstrar um certo interesse pelo projeto. Tanto que o novo Diretor do Material da Força Aérea incluiu em sua lista de compras alguns itens mais significativos, como os motores dos protótipos e alguns equipamentos mais especializados.

Nas nossas cabeças, não se admitia a ideia de criar uma empresa que não fosse brasileira da cabeça aos pés. No final da década de 1960, as empresas automobilísticas estrangeiras já operavam no Brasil de acordo com um modelo que mostrava claramente que, se a nossa futura empresa não fosse nacional, perderíamos nossa marca e nosso produto. Depois que a Embraer se tornou uma realidade, muitas pessoas disseram que ela sempre gozou dos benefícios de ser uma estatal e de contar com dinheiro a rodo, vindo dos cofres públicos. Esse tipo de comentário revela um profundo desconhecimento das condições reais que cercaram a criação da companhia. Criar uma empresa estatal não era a primeira escolha do governo e muito menos a nossa. A Embraer começou suas operações como estatal porque – afirmo sem receio de estar errado – esse foi, na verdade, o único caminho que se abriu para nós. Da mesma forma, afirmo que não foi nem um pouco fácil chegar a ele. Foi antes do primeiro voo do nosso protótipo; o Brigadeiro Paulo Victor propôs denominá-lo Bandeirante, em homenagem ao seu propósito desbravador. Com o protótipo quase pronto, começamos a pensar na alternativa que teríamos para que ele fosse produzido em série. O governo insistia que a empresa produtora deveria ser privada. Para tentar abrir caminho, o brigadeiro Paulo Victor foi a Brasília várias vezes com o objetivo de discutir a questão com o Ministro da Aeronáutica, o brigadeiro Márcio de Souza e Mello. As respostas eram invariavelmente desanimadoras. Fomos informados de que o governo não aceitaria, em hipótese alguma, a ideia de criar outra companhia estatal. Mas o ministro se comprometera a nos ajudar a encontrar uma solução.

Efetivamente, o ministro se valeu de seu prestígio para ajudar a criar nossa empresa aeronáutica. Fez contato com o então diretor do jornal *O Estado de S. Paulo*, Júlio de Mesquita Filho, solicitando que nos arranjasse encontros com empresários do país. Para dar conta do pedido, Júlio Mesquita recorreu à colaboração do deputado Cunha Bueno, que acabou realizando um trabalho de articulação excepcional junto aos capitalistas brasileiros. Passamos a realizar palestras sobre a ideia de fabricar aviões no Brasil. As palestras eram sempre centradas no avião que fabricávamos, na necessidade que ele atenderia e nos projetos que tínhamos concebido nos três anos passados.

O plano que defendíamos para a empresa que pretendíamos criar representava, entre outros desafios, o rompimento com o modelo industrial com o qual o país estava acostumado. Não podemos nos esquecer de que havia uma cultura no Brasil, que vinha da era Juscelino Kubitschek. Ele incentivara a indústria automobilística a produzir no país produtos testados e aprovados no mercado internacional. Se os Estados Unidos fabricavam um Ford com sucesso, nós trazíamos o Ford, como produto licenciado para ser produzido no Brasil. Isso valia para o Fusca alemão ou para qualquer outro modelo. Não só o produto, mas o modo de fabricação, o grau de automação da linha e o treinamento do pessoal. Tudo isso vinha pronto e empacotado do exterior. E as próprias vendas eram feitas depois de autorizadas pelos licenciadores estrangeiros.

A ideia que defendíamos, apoiada pelo brigadeiro Paulo Victor, ia na contramão desse modelo. O objetivo era desenvolver nosso próprio modelo de indústria aeronáutica. Muitos empresários brasileiros nos ouviram, mas não fizeram muito mais do que isso. Lembro-me especialmente de uma exposição sobre o plano da fábrica de aviões que fizemos em Guarulhos. Lá pelas tantas, no momento em que terminei de expor as ideias básicas, o executivo de uma companhia alemã, fabricante de motores diesel, que falava português com um sotaque carregadíssimo, pediu a palavra:

— *Se a senhorrr pensa que famos colocar uma centafo em uma avião fabricada no Brasil, está redondamente enganada...*

Dei meu melhor sorriso amarelo e pensei que todo meu esforço corria o risco de morrer diante de um problema geométrico. Afinal, eu estava *redondamente* enganado. Depois daquela noite, eu realmente não sabia mais o que fazer. Os empresários brasileiros alegavam falta de recursos, o governo manifestava falta de intenção e os empresários estrangeiros expressavam sua falta de interesse. Àquela altura, já vínhamos trabalhando há mais de três anos no projeto do IPD-6504. Nós relutávamos em aceitar a possibilidade de partir para uma solução estrangeira e realmente temíamos que tivéssemos de entregar o projeto para uma empresa fora do país.

Estávamos sem alternativas quando, num domingo em que não aguentei ficar na cama, fui trabalhar logo cedo no CTA. Eram mais ou menos sete e meia da manhã quando tocou o telefone. Era o operador da torre de controle do aeroporto de São José dos Campos.

— Major – disse ele –, o Presidente Costa e Silva está voando para Guaratinguetá, mas um nevoeiro forte está cobrindo o campo e ele não poderá pousar lá. Vai descer aqui em São José e esperar pela melhoria das condições. Hoje é domingo. Não encontrei o prefeito nem o diretor do CTA. O avião pousará dentro de alguns minutos. Será que o senhor poderia receber o presidente?

Se eu, naquele tempo, pedisse uma entrevista com o presidente da República para falar de meu projeto certamente não conseguiria. E, agora, ali estava, do outro lado da linha, um sujeito perguntado se eu aceitaria receber o presidente (um outro Silva) pessoalmente.

— Claro. Oriente o piloto do presidente para parar o avião em frente ao nosso hangar.

Na mesma hora, mandei que tirassem o protótipo do IPD-6504 para fora e o colocassem num lugar bem diante dos olhos do presidente quando desembarcasse. Costa e Silva viajava sozinho, apenas com alguns seguranças. Tive a privilegiada oportunidade de ficar uma hora sozinho com ele, explicando detalhe por detalhe de nosso projeto. No início, o presidente se mostrou cético. Mas, pouco a pouco, seu interesse foi crescendo.

Sinceramente, não sei se foi por causa da surpresa de me encontrar trabalhando num domingo pela manhã ou se fui mesmo convincente. O fato é que o presidente passou a fazer perguntas muito bem colocadas. Se me permitem uma brincadeira, diria que falei sobre a Embraer hoje, moderna e competitiva e capaz de fabricar aviões de ponta para o mundo inteiro. Fiz projeções e falei de quanto uma empresa como aquela seria importante para o país. Antes de embarcar para Guaratinguetá, o Presidente, na despedida, garantiu que nos ajudaria.

Senti que o jogo viraria a partir daquela manhã. Tudo por causa da boa sorte, de um nevoeiro em Guaratinguetá e pelo fato de, numa manhã de domingo, quando poderia muito bem estar em casa, de pijama e chinelos, lamentando a incompreensão das pessoas à minha volta, eu estava no CTA em busca de uma solução para o nosso problema.

Dizem que os bons empreendedores têm estrela e que as oportunidades muitas vezes caem em seu colo sem que eles tenham que fazer força. Mentira. A questão é que os empreendedores de verdade são tão comprometidos com seu negócio que costumam estar sempre no lugar certo na hora exata.

Foi isso que aconteceu naquele dia. A realização de nossos projetos muitas vezes exige sacrifícios de nossa vida pessoal. Às vezes, sinto que exagerei, que poderia ter dedicado um pouco mais de atenção a meus filhos. Mas, tenho certeza de que, o que faltou em atenção, procurei reparar legando a eles bons princípios e uma história de vida que podem ajudá-los no futuro.

Com o apoio do Presidente da República, não haveria quem tivesse coragem de nos virar as costas. Até ali, nosso maior trabalho tinha sido vencer as desconfianças que cercavam nossa ideia e colocar nosso protótipo para voar. Mas, tínhamos fortes convicções. O nosso projeto tinha tudo para sair do papel, mas, como sempre, não encontrava aceitação plena de terceiros. Lembro-me de uma vez em que um grupo de oficiais alunos da Escola de Aperfeiçoamento da Força Aérea marcou uma visita ao nosso escritório. Minutos antes da hora marcada, desabou uma tempestade sobre São José dos Campos e uma árvore caiu sobre o telhado do CTA. O buraco que ela abriu permitiu que a água da chuva caísse justamente sobre os desenhos do projeto do IPD-6504.

Os visitantes chegaram assim que a chuva passou. Enquanto eu explicava para eles os detalhes de nosso trabalho, com o entusiasmo de sempre, os técnicos tratavam de enxugar a papelada. Terminada a visita, os acompanhei até a porta da saída. Ao se despedir, um deles apertou minha mão e disse:

— Até logo, Santos Dumont.

Aquele foi apenas um entre centenas de sinais de desconfiança que recebi enquanto trabalhava no projeto. Havia outros, decorrentes das dificuldades naturais de criar um avião a partir da estaca zero. Max Holste, nosso "construtor de aviões", como ele gostava de ser chamado, revelou ter habilidade para liderar uma equipe. Demonstrava competência para trabalhar com poucos recursos, mas se queixava com frequência da precariedade da infraestrutura industrial do país. Era praticamente inútil lhe explicar que ele próprio fora contratado, justamente, para executar um trabalho pioneiro capaz de corrigir aquelas deficiências.

Caro(a) candidato(a) a empreendedor(a), vou lhe contar algumas passagens marcantes ao longo dos três anos que levamos para fazer voar o primeiro protótipo do nosso primeiro avião, o Bandeirante. Faço isto para lhe dar uma ideia da importância do engajamento e da persistência que precisamos ter para materializar nossos sonhos. Por favor, não me tome por pretensioso. Gostaria apenas de lhe passar um pouco do muito que aprendemos naquela luta que, certamente, valeu a pena.

———————————→

A batalha para fazer aquele avião voar foi penosa e repleta de detalhes. E eu, assim como nossos colegas e companheiros de trabalho, estava totalmente dedicado ao avião. Numa tarde de domingo, depois da tradicional macarronada, me levantei e falei para Therezinha que daria um pulo no hangar para adiantar algumas providências. Não tinha nada específico para fazer ali. Era janeiro, mês de chuvas intensas, e a pista do aeroporto estava em construção. Portanto, o lugar estava uma sujeira.

Pedi a um soldado que tomava conta do hangar que me ajudasse a remover o avião para o fundo do hangar para que, juntos, fizéssemos uma faxina no lugar. Assim aconteceu. Empurramos o avião, pegamos as vassouras e começamos a tirar a sujeira. Não havia me dado conta que, do lado de fora, estava começando a se formar uma tempestade de verão – daquelas pancadas típicas de serra, como é São José dos Campos. A ventania que chegou com a tempestade foi tão forte que levantou a cobertura do Hangar. A porta de 40 toneladas, sem o seu suporte superior, simplesmente caiu exatamente no lugar onde o Bandeirante estava quinze minutos antes.

Você entendeu? Mais uma vez, não era para eu estar ali, depois de uma macarronada de domingo. Não haveria mal nenhum se eu tivesse seguido os conselhos da minha mulher e ficado em casa. Mas, se eu não tivesse aparecido, ninguém pode dizer o que teria acontecido. E o avião? O nosso único protótipo e a evidência da nossa capacidade de fabricar aviões, tudo teria sido destruído. Possivelmente, a criação da indústria aeronáutica de hoje teria de ter percorrido um outro caminho, se é que isto fosse possível.

O tipo de obsessão pelo projeto, não custa enfatizar, é o que diferencia o verdadeiro empreendedor de uma pessoa medianamente comprometida com seu negócio. Circunstâncias como essas me faziam lembrar do Zico. Eu sabia que poderia contar com ele, independentemente do lugar onde estivesse. Quem sabe não foi o Zico que me deu o aviso e me fez sair de casa naquele domingo? Pode ser. Mas se analisarmos essa questão pelo lado racional, eu diria que o empreendedor deve sempre estar atento à sua intuição. Toda vez que estiver diante de um desafio e imaginar que sua presença é importante em algum lugar, ele só tem uma atitude a tomar. É dizer:

— Eu vou!

O trabalho tinha prosseguido até que chegou a hora de o protótipo ser levado a teste em situação real. Ou seja: ele tinha que voar. Quando as asas foram fixadas no

Bandeirante, nosso ânimo aumentou. Enviamos dois pilotos – o major José Mariotto Ferreira e o engenheiro Michel Cury – a um centro de ensaios na França com a intenção de prepará-los para o voo inaugural. O tempo corria contra nós. Técnicos estrangeiros vinham acompanhar a instalação dos componentes importados e trabalhavam ao lado de nossos colaboradores com o mesmo entusiasmo.

Essa, aliás, foi uma decisão que tomamos desde o início. Queríamos dominar a técnica de fazer aviões. Mas não queríamos, nem ainda poderíamos, fazer, aqui, os acessórios que outros poderiam fazer melhor do que nós. Nunca cogitamos, por exemplo, de fabricar os componentes eletrônicos do aparelho. Aquilo exigiria empenho e investimentos de alta monta, os quais, com certeza, atrasariam ainda mais nosso projeto. *(O bom empreendedor e boa empreendedora, afinal, não pode querer fazer tudo sozinho. Um dos aspectos para o qual ele precisa estar sempre atento é a necessidade de estabelecer parcerias capazes de agregar valor a seu trabalho. Isso faz parte da cartilha.)*

Nossa expectativa era ver o avião no ar. O voo inaugural foi marcado para a manhã de 27 de outubro de 1968. Naquela manhã, mais uma vez, um domingo, o avião teria de decolar. Marcamos um voo preliminar para 22 de outubro. No dia 20, um dos melhores montadores da equipe, Jorge *Papai*, completou a instalação das portas do compartimento do trem de pouso. Terminado o serviço, o Bandeirante foi rebocado para a pista onde taxiaria pela primeira vez. Enquanto a operação era feita, a roda dianteira do avião prendeu-se a uma saliência aberta pelas obras de reforma da pista. Aquilo forçou em demasia o trem de pouso dianteiro e parte dele se quebrou. Jorge *Papai* assistiu àquilo e não se conteve. Sentou-se e começou a chorar, um choro copioso como o de uma criança. Fiquei comovido, claro, mas me aproximei e perguntei a ele:

— De quanto tempo você precisa para chorar? Temos um avião para colocar no ar e não será um incidente como esse que nós fará mudar de ideia. Quando terminar o choro, vamos começar o conserto. Minha atitude parece ter devolvido o entusiasmo não só a Jorge, mas a toda equipe. O pessoal pôs mãos à obra e começou a fazer os reparos. Max Holste, ao seu canto, ficava praguejando em francês, dizendo que, daquele jeito, o Bandeirante jamais sairia do chão. E o trabalho ficou pronto a tempo do voo preliminar, marcado para o dia 22. Em sua primeira corrida no solo, o Bandeirante chegou a 110 quilômetros por hora e freou com eficiência. Mariotto e Cury, os pilotos, sentiram confiança e pediram permissão para decolar.

Autorizados, levaram o avião para a cabeceira da pista e aceleraram. Todos prendemos a respiração.

Da pista, vi nosso avião ganhar velocidade e, depois de uma corrida curta, apontar suavemente o nariz para o céu e desprender as rodas do chão. Estava voando. Levantamos os braços e comemoramos. Max, sempre de cenho franzido, finalmente se permitiu abrir um sorriso. Do chão, acompanhávamos as manobras que os pilotos faziam com o avião. Na hora do pouso, notamos um problema – o avião parecia reagir mal aos altos ângulos de ataque e baixa velocidade, oscilando longitudinalmente. Felizmente em frequência baixa.

A habilidade de Mariotto foi suficiente para trazer o avião de volta ao solo, mas havia ali um problema a ser corrigido até o primeiro voo oficial, que contaria com a presença do ministro da Aeronáutica e do vice-presidente da República. Fomos analisar a situação e constatamos que havia, de fato, um problema aerodinâmico de solução possível no período que dispúnhamos. Isso, naturalmente, se estivéssemos dispostos a trabalhar pela madrugada adentro – como, aliás, vínhamos fazendo todos aqueles dias.

Assim, no dia marcado, 27 de Outubro, ao som da banda de música do CTA, o Bandeirante foi rebocado para fora do hangar. A equipe de voo marchava ao lado do avião. Sentíamos a sensação que só os empreendedores são capazes de sentir: a de poder estender a mão para seu sonho e tocar em algo concreto. O Bandeirante decolou, fez um voo tranquilo e um pouso perfeito. O Brasil tinha seu avião.

Agora, era uma questão de fabricá-lo em larga escala. Na semana seguinte ao voo inaugural, Mariotto perdeu a vida durante um voo de teste num um outro avião, ainda experimental. Foi um grande amigo e colaborador que perdemos e um piloto realmente preparado. No dia em que o Bandeirante decolou para seu segundo voo, eu estava ao lado de Cury, o nosso engenheiro de voo, na cabine de comando.

O entusiasmo que o presidente Costa e Silva demonstrou diante do nosso projeto, na manhã em que o nevoeiro o desviou do caminho de Guaratinguetá, não foi passageiro. No dia 26 de junho de 1969, por ordem do presidente, fomos convocados para uma reunião no Ministério da Aeronáutica, em Brasília. Ali, apresentei o plano de criação da Embraer aos quatro ministérios diretamente envolvidos no processo. Estavam lá o ministro da Fazenda, Antonio Delfim Netto, o ministro da Indústria e Comércio, Edmundo de Macedo Soares, o ministro da Aeronáutica, Márcio de Souza e Mello, e o secretário-executivo do Ministério do Planejamento, Marcus Vinícius Pratini de Moraes. Ele representava o ministro Hélio Beltrão, que não pôde comparecer. O ministro Márcio foi um grande sujeito – um entusiasta da nossa ideia. Ele queria realizar, era um realizador. Não era do tipo que boicotava os projetos que não tinham saído de sua cabeça. Na véspera da reunião, marcada para as 9 horas da manhã, preocupado com a apresentação que teria de fazer, resolvi ir ao gabinete do Ministro para repassar minha exposição, anotações e os *slides* que projetaria. Eram umas quatro da manhã quando a porta se abriu e o ministro da Aeronáutica, em pessoa, entrou na sala. Ele me perguntou espantado:

— O que você está fazendo aqui?

— O senhor me desculpe, mas eu é que pergunto. O que o senhor está fazendo aqui?

— Vim buscá-lo. Você vai fazer uma apresentação importante daqui a pouco e até agora não foi descansar? Você é maluco? Onde já se viu ficar acordado até essa hora?

Eu disse que estava nervoso e ele procurou me acalmar. Se eu soubesse dos bastidores daquele encontro, não teria me desgastado tanto. Anos depois, o próprio ministro Delfim Netto, um dos que poderiam ter bombardeado a ideia, confidenciou que recebera instruções diretas do presidente Costa e Silva para que aprovasse o projeto. Era ele quem poderia segurar o dinheiro.

Creio ter me saído bem e consegui contagiar os ministros com o entusiasmo que dominava nossa equipe. O ministro da Aeronáutica já estava do nosso lado e viu, ali, uma vitória que também era dele. O ministro da Indústria e Comércio acreditou na ideia, e o secretário Pratini de Moraes também se entusiasmou. Quando a reunião foi encerrada, e antes que eu soubesse da aprovação do projeto – o que só aconteceria oficialmente no dia 19 de agosto de 1969, o Ministro Delfim Netto surpreendeu a todos com uma pergunta:

— Como vai se chamar a companhia?

— Empresa Brasileira de Aeronáutica, Embraer, respondi.

(Veja, meu amigo empreendedor e minha amiga empreendedora, que dessas pequenas histórias podemos retirar algo de útil. Tínhamos crença no nosso êxito e ela nos levava a uma profunda dedicação, a despeito das circunstâncias, do cansaço e das incompreensões. Dizem que a vitória pertence

àqueles que dela nunca duvidaram. Não foi bem o nosso caso: confesso que, por vezes, quase desanimava, diante das dificuldades. Mas também confesso que nunca pensei seriamente em desistir. Mesmo nos momentos mais árduos, não faltou vontade de seguir em frente!)

VOO DE CRUZEIRO

Chegar até ali, ou seja, até o momento em que a Embraer recebeu autorização para decolar e garantiu o capital necessário para iniciar suas atividades, não havia sido fácil. Mas as dificuldades estavam apenas começando. Os que sonham em dar início a um empreendimento – qualquer que seja o porte, qualquer que seja a atividade, qualquer que seja o número de pessoas que venha a se reunir em torno dele – costumam pensar que a etapa mais difícil é percorrer esse caminho em que o sonho se transforma em uma ideia e a ideia em uma empresa. Acreditam que, passada essa fase da constituição da empresa e da aceitação do produto no mercado, tudo se torna mais fácil. Seria muito bom se fosse assim. Mas essa visão, infelizmente, é completamente equivocada.

Por mais difícil que tenha sido criar uma organização, a parte mais trabalhosa é mantê-la aberta. Ter consciência disso é fundamental para qualquer empreendedor(a): a maioria deles dá o sangue para começar. Depois que alcança o objetivo, a empresa já não consegue se manter em pé. De acordo com as estatísticas mais recentes, metade das empresas brasileiras morre antes de completar dois anos de vida. Isso mesmo: em cada duas empresas abertas hoje, uma está condenada a desaparecer em menos de dois anos (espero que não seja a sua, e sim daquele seu conhecido que faz tudo errado).

Esse dado é o reflexo daquilo que eu estava dizendo: tão importante quanto fazer a empresa decolar é cuidar do voo para que ela chegue a um bom destino. *(É lógico que os problemas que levam uma empresa a deixar de existir não se resumem às questões de gestão. Muitas vezes, a inadequação do produto, as falhas no planejamento ou até mesmo as transformações súbitas no mercado – que costumam ser fatais para as empresas nascentes – são as responsáveis pelo fracasso.*

De qualquer forma, o cuidado com a busca permanente de novas informações e a gestão são fundamentais. A consequência de cada decisão deve ser medida e cada passo deve ser monitorado para que a empresa não se afaste de seus objetivos.)

Depois daquela manhã em que o avião do Presidente Costa e Silva pousou no Aeroporto de São José dos Campos, tudo passou a andar em um ritmo mais acelerado. A Embraer, constituída oficialmente numa Assembleia Geral realizada no Rio de Janeiro em 27 de dezembro de 1969, começou a funcionar logo após, no dia 2 de janeiro de 1970. Fui designado diretor-superintendente (pedi para não ser chamado de Presidente para não criar preconceitos entre meus colegas militares) e troquei definitivamente minha farda de tenente-coronel da Aeronáutica pelo terno e gravata. Todos os nomes que recomendei para a diretoria – inclusive todos aqueles Silva – foram aprovados. Ali foi o começo do começo.

Imagine que, depois de termos o capital inicial (algo equivalente a 5 milhões de dólares, em valores da época), fomos ao Banco do Brasil tentar abrir nossa primeira conta corrente. O gerente pediu os documentos constitutivos da Embraer, que deveriam ser encaminhados por uma carta em papel timbrado solicitando a abertura da conta. Não tínhamos o papel. Pedi ao nosso colaborador, José Ramis, que nos ajudasse a criar um logotipo. Ele partiu da letra "E" do nome da empresa, Embraer. Mexemos de vários modos na grafia da letra até que decidimos dar-lhe um enflechamento, como as asas de um moderno avião. Em alguns minutos, chegamos à forma final que prevalece até hoje. *(O empreendedor precisa saber que, sobretudo no início, caberá a ele exercer funções com as quais nunca imaginou. Nunca havia imaginado participar da criação de uma logomarca. E, no entanto, ali estava eu, cumprindo esse papel.)* A gráfica do CTA produziu uma folha impressa com o novo timbre e, com uma máquina de escrever, também do CTA, a carta foi datilografada.

Finalmente, tínhamos a nossa conta corrente!

O brigadeiro Paulo Victor da Silva, diretor do CTA, foi uma figura central em todo o processo. Já no dia seguinte à reunião com os ministros, em Brasília, fomos visitar o setor sul do terreno do CTA, que ficava ao lado de uma das cabeceiras da pista do aeroporto de São José dos Campos. Escolhemos um lote de 700 mil metros quadrados, num ponto em que, naqueles dias, não contava nem com acesso asfaltado. Depois da aprovação do estatuto da Embraer, o brigadeiro assinou uma portaria autorizando a construção de três prédios. Os dois primeiros iriam abrigar a administração e os escritórios técnicos, sendo o terceiro o hangar de montagem. Isso foi feito com rapidez, como era típico e necessário naquele momento.

———————————→

Nos anos seguintes, muita gente criticaria a Embraer por ter sido criada com dinheiro público e ter recebido incentivos fiscais do governo. (Nos primeiros anos, as empresas poderiam deduzir 1% de seu imposto de renda a pagar se destinassem os recursos à estatal). Diziam que nossa empresa só existiu por causa de favores como esse que recebeu do brigadeiro Paulo Victor, que mandou colocar de pé os prédios que nos abrigariam. Realmente, a colaboração do brigadeiro foi essencial, mas afirmo com toda tranquilidade: a empresa foi criada dentro das únicas condições capazes de lhe dar vida naquele instante. Não investi meu próprio – até porque, meu soldo de oficial da FAB sempre foi suficiente para sustentar minha família, mas nunca para financiar o surgimento de um gigante. Reconheço que a ajuda do CTA foi importante. Mas tudo de que dispúnhamos, eu próprio e os colegas da equipe de trabalho – inclusive o tempo que poderia ter dedicado às nossas famílias – foi posto à disposição da Empresa. *(Digo isso para deixar claro o seguinte: o bom empreendedor e a boa empreendedora, aquele ou aquela que confia em sua capacidade de realização, sempre coloca os recursos que pode dispor a serviço da empresa.)*

Para resumir: o fato de a Embraer ter sido criada com dinheiro público nunca serviu para diminuir o nosso empenho nem o nosso comprometimento empreendedor. Nem para alterar o nosso comportamento. Sempre procurei, enquanto estive na companhia, alinhar nossos compromissos com o interesse do mercado. Isso valia para as grandes linhas de nossa atuação e também para os detalhes mais corriqueiros do dia-a-dia. Lembro-me de que, no nosso primeiro dia de trabalho, minha secretária, Dona Ruth, que trabalhava conosco desde o CTA, me disse que deveríamos fazer um ofício para solicitar algumas providências relacionadas com a abertura da empresa. Respondi:

— A Embraer não faz ofício. A Embraer faz carta.

Pode parecer um detalhe aparentemente menor a substituição da palavra "ofício", utilizada nos órgãos públicos, pela palavra "carta", mais comum na iniciativa privada. Mas foi com atitudes como essa que procuramos imprimir à Embraer uma cultura empresarial típica de uma companhia ágil e moderna. Isso se estendeu a uma série de circunstâncias. Durante muitos anos, em função de acordos trabalhistas, o turno de trabalho na Embraer se encerrava – veja só – às 17h07. Isso mesmo. Cinco e sete da tarde, em ponto, a sirene tocava anunciando o fim do expediente. Em qualquer empresa que não tivesse a mentalidade da Embraer, as pessoas deixariam as ferramentas no chão e voltariam no dia seguinte para continuar o serviço do ponto em que pararam. Na Embraer, ninguém ia embora antes de concluir o que estava fazendo.

Essa era a nossa cultura. Era normal, sobretudo, os diretores e muitos engenheiros, antes de irem para casa, às oito ou nove horas da noite, passear pelo hangar de montagem ou pela sala dos projetistas. Não me lembro de ter estado nesses lugares sem encontrar alguém concentrado em seu trabalho. Nossa presença ali tinha dois efeitos: primeiro, mostrava-lhes que também estávamos nos dedicando ao trabalho da mesma forma que eles. Segundo, era visível a satisfação das pessoas serem vistas trabalhando além do horário.

Anos depois de haver deixado a presidência da Embraer, assumi a presidência da Varig e fui convidado, na condição de cliente, a visitar a linha de montagem. Encontrei e reconheci muitas pessoas que estavam lá desde a minha época. Você, meu caro amigo, não imagina minha satisfação ao receber os cumprimentos e o reconhecimento daquelas pessoas. Mas o importante foi perceber na empresa privada, com presença internacional marcante, os traços da cultura que ajudei a implantar desde nosso primeiro dia de trabalho. Isso é ou não é ser empreendedor?

———————⟶

Acredito que nós – eu e os companheiros que estiveram comigo na fundação da Embraer – fomos empreendedores no sentido mais estrito possível: sonhamos, tomamos iniciativas, olhamos para a frente, arregaçamos as mangas, nos dedicamos de corpo e alma e, claro, acabamos tendo de tomar ao longo do caminho decisões que não estavam nos nossos planos quando começamos tudo aquilo. Isso mesmo. Neste relato, estou me concentrando mais nos casos bem-sucedidos, mas houve uma série de tropeços em nosso caminho. Erramos, nos confundimos, sofremos com a conjuntura, fomos boicotados – ou seja, convivemos com uma série de situações que, de uma forma ou de outra, fazem parte da trajetória de qualquer empresa. Também aprendemos com elas. Também tivemos que tomar decisões e providências com as quais não contávamos no início. Todo empreendedor, você também, tem de estar preparado para lidar com situações desagradáveis. Uma dessas decisões reflete uma das situações mais difíceis com as quais os empreendedores precisam lidar: a de decidir pelo afastamento de pessoas que estiveram a seu lado em momentos importantes da caminhada.

É chato, é desagradável, mas muitas vezes a necessidade nos leva a tirar da empresa pessoas que colaboraram efetivamente para o seu crescimento – mas que, por uma série de razões, já não se mostravam mais adequadas aos objetivos da companhia.

Um(a) empreendedor(a), no sentido mais profundo que essa palavra pode ter, é, também, um(a) líder de equipe.

E, para um(a) líder de verdade, a saúde e o bem-estar da empresa devem falar mais alto nesses momentos. No nosso caso, uma dessas decisões foi tomada antes mesmo de a Embraer existir no papel.

Nunca neguei a importância de Max Holste no desenvolvimento do Bandeirante. Sem ele, nosso primeiro avião talvez nem chegasse a voar. Mas a verdade é que Max havia se tornado pesado demais para nós. Ele tinha uma forma de liderar que, com o passar do tempo, acabou se revelando inadequada ao trabalho de equipe. Era centralizador e não gostava de ter suas decisões questionadas nem mesmo por mim, que era o responsável por tudo o que ele fazia. Além do mais, ele começou a criticar tudo o que fazíamos – até mesmo a questionar o fato de não conseguirmos logo o dinheiro para pôr a Embraer de pé.

Para ele, parecia um suplício trabalhar num país onde a infraestrutura industrial ainda estava para ser montada. Confesso que já estava cansado de ouvir suas queixas e temia que elas contaminassem o ânimo do pessoal. Um dia ele entrou na minha sala transtornado, como sempre acontecia, e passou do limite. Falou, esbravejou, praguejou e disse alguma coisa do tipo:

— Isso aqui não vai dar em nada. Vocês vão morrer na praia.

Percebi que estava diante da chance de caminharmos sozinhos. De nos livrar da sua imensa capacidade de reclamar de tudo e de todos. Procurei manter a serenidade, mas não quis perder a oportunidade.

Mal ele acabou de falar, eu disse:

— Tudo bem. Nós assinamos um destrato e você vai embora agora mesmo, combinado?

O documento ficou pronto em minutos. Max assinou. Foi embora e nunca mais me encontrei com ele. Do Uruguai, para onde se transferiu, Max pôde acompanhar de perto os primeiros momentos da Embraer. De perto mesmo: a primeira venda internacional realizada pela companhia, em 1975, foi justamente para uma empresa daquele país.

———————→

A fábrica de aviões da Embraer começou a funcionar antes mesmo de existir. O processo de fabricação que saiu do CTA foi pouco a pouco se adaptando ao novo cenário. Um grande trabalho foi feito para convencer nossos colaboradores do CTA a deixarem para trás sua condição de funcionários públicos e se tornarem empregados com a vida profissional regida pelas leis trabalhistas aplicáveis às empresas. Começamos a trabalhar no nosso primeiro contrato com o ministério da Aeronáutica, que previa colocar o Bandeirante, modelo de fabricação seriada derivado do IPD 6504, no serviço regular da FAB.

É lógico que tínhamos recebido a injeção de capital suficiente para o início das atividades. Mas as vendas é que dariam sustentação operacional e vida permanente à nossa nova empresa. Tínhamos que buscar um contrato que nos desse um horizonte razoável de receitas. Desde o início, começamos a discutir com as companhias brasileiras de aviação a nossa ideia dos voos regionais. Naquele tempo, o Brasil vivia o período do milagre econômico e acreditava que seu mercado era suficiente para manter qualquer companhia. Nossa ideia era encher os céus do Brasil de Bandeirantes.

Antes que qualquer movimento nessa direção desse resultado, a FAB tinha uma necessidade, considerada imperiosa, de substituir um de seus aviões. Era um produto norte-americano, o Beechcraft B-18, que, envelhecido, vinha apresentando problemas técnicos que estavam causando vários acidentes. Era clara a necessidade de sua substituição por modelos mais novos. O Estado-Maior da Aeronáutica convenceu-se da importância da compra, levantando a hipótese de importação direta, e da necessidade de agir imediatamente. Era certo que esta demanda poderia (e deveria, entendíamos nós) ser ocupada pelo Bandeirante. Contudo, estávamos distantes da fase de fabricação em série e ainda seriam necessários três anos de trabalho para a entrega dos primeiros exemplares. Felizmente, a solução chegou por um decisivo apoio do Ministro Marcio de Souza e Mello, que, contrariando a proposta do Estado-Maior determinou a espera e a fabricação do novo avião nacional.

Estou seguro que esta foi uma decisão histórica. Caso o Ministro não tivesse decidido em favor da Embraer, os resultados que contabilizamos hoje possivelmente seriam diferentes. A FAB nos encomendou 80 aviões. Começamos a trabalhar e fomos tratados como outro fornecedor qualquer. Tivemos que enfrentar todas as exigências técnicas para que nosso avião fosse aceito. Quando conseguimos, nos demos conta de que poderíamos traçar nossas metas de crescimento. *(Todo(a) empreendedor(a) deve estar sempre preparado para estabelecer metas que sejam, ao mesmo tempo, realistas e desafiadoras. E, no curso da vida da organização, trabalhar com afinco para que elas venham a ser alcançadas. Os maiores empreendedores do mundo sempre tiveram clareza do ponto que pretendiam alcançar e em quanto tempo acreditavam ser possível chegar lá. A meta é o projeto de engenharia do sonho.)*

Aquele primeiro contrato foi muito importante. Mas eu não estava disposto a deixar escapar nenhuma oportunidade que surgisse diante da empresa. Nesse momento, aconteceu um outro fato importante. Eu – que não estava no serviço ativo, mas ainda era militar — recebi do ministro da Aeronáutica a incumbência de integrar a comissão encarregada de escolher o primeiro caça supersônico da FAB. Éramos três oficiais: o coronel Lauro Ney Menezes, o major Ivan Moacyr da Frota e eu (os dois, mais tarde, se tornariam brigadeiros). Tínhamos de fazer uma sugestão técnica em torno de três aviões inicialmente selecionados pelo Estado-Maior para disputar a concorrência. Eram o

Saab Draken, da Suécia, o Mirage III, da França, e o BAC Lightining, da Grã-Bretanha.

O negócio foi avançando e num determinado dia, o coronel Menezes, que era o chefe da comissão, disse que havia proposto ao ministro que visitássemos as fábricas, com o objetivo de darmos início a uma discussão efetiva sobre os aviões selecionados. Nossa primeira visita foi para a Inglaterra, onde se localizavam as instalações da *British Aerospace Corporation* (BAC), responsável pela produção do Lightining. Chegamos numa noite especialmente fria. Tínhamos preparado as discussões preliminares no Brasil e, depois do jantar, fomos conversar um pouco sobre a estratégia a seguir durante as discussões que manteríamos no dia seguinte com os ingleses. Entre as mais variadas propostas, coloquei uma:

— Vamos inovar para adoçarmos a pílula desses caras? O que vocês acham da ideia de propormos a fabricação no Brasil, sob licença, do jato de treinamento Strikemaster para assegurar um melhor treinamento para os pilotos que vão voar o novo supersônico da FAB? A Embraer poderá produzir esses aviões no Brasil. Isso vai nos assegurar um *know-how* precioso e aumentará a velocidade de implantação da linha de produção da empresa.

— Mas nós não temos autorização para isso, disse Menezes.

— Vamos apenas acenar a bandeira, retruquei. Quando retornarmos, já com as reações deles, podemos propor às nossas autoridades.

Apesar das dúvidas iniciais, tanto Menezes quanto Frota concordaram *(a propósito, todo bom empreendedor e boa empreendedora deve estar preparado para persuadir seus interlocutores de seu ponto de vista. Persuadir é uma coisa, dar ordens é outra muito diferente. Entre a persuasão e a ordem, a primeira é muito mais eficaz)*.

Fizemos a proposta e os ingleses adoraram a ideia, insistindo que ela fazia todo o sentido. É claro que eles queriam atingir um maior valor de venda. Garantiram que nos dariam a licença para fabricarmos o avião de treinamento no Brasil, se quiséssemos. Posteriormente, nós fomos à Suécia e fizemos o mesmo. O treinador sueco que foi colocado em parceria com o Draken foi o SAAB 105. Chegamos à França, e do mesmo modo, negociamos o Mirage III e o treinador Fouga Magister.

Voltamos para o Brasil. Quando chegamos, nos sentamos com o ministro para fazermos o relatório oral da visita e para colocarmos a ideia. A alternativa adicional, de construir no Brasil um avião de treinamento, foi aceita, desde que houvesse um financiamento aprovado pelo Ministério da Fazenda. No que dependesse de nossos parceiros estrangeiros, o caminho estava aberto: recebemos respostas positivas das três companhias consultadas sobre o projeto.

Mais tarde, o Estado-Maior determinou a inclusão de aviões italianos na concorrência, como o avião supersônico FIAT F-104 – então em produção sob licença da Lockheed americana. Para o jato de treinamento, os italianos propuseram o treinador Aermacchi MB 326, então fabricado pela Aeronáutica Macchi, de Varese.

A seleção final da FAB recaiu sobre os Mirage III franceses, e, para os aviões de treinamento, sobre o MB 326 italiano – que no Brasil se tornou conhecido como Xavante. Veja o que aconteceu, meu caro empreendedor. Dentro desse esquema estava fixado um plano de carga e de faturamento para a Embraer claramente viável. Tínhamos conseguido uma encomenda de 80 Bandeirantes para a FAB e o novo jato de treinamento resultou num contrato adicional de 112 unidades. Naquele momento, a empresa, criada havia apenas três meses, ganhava trabalho para mais de cinco anos.

(Meu caro empreendedor e empreendedora: creio que você deve ter visto este filme várias vezes. O Brasil virou campeão na fabricação sob licença de marcas e de produtos desenvolvidos em outros países. Hoje, olhando o perfil produtivo da indústria nacional, vemos somente produtos que não projetamos. De forma nenhuma desejo induzir na sua cabeça que haja algo de errado nisto. De um modo ou de outro, essa política resultou na implantação de uma significativa base industrial, certamente útil e eficaz para o país. Mas, o que observo e coloco em discussão é que, ao lado dessa estratégia, deveríamos também criar produtos nossos, como a própria Embraer o fez e como a Coréia, por exemplo, realiza com grande sucesso mundial. Estou absolutamente seguro que, se tivéssemos dado partida na nossa indústria aeronáutica somente através de fabricação sob licença, não

teríamos chegado ao sucesso atual. E a razão para acreditar nisso é muito simples. O mercado nacional para aviões de fabricação nacional é pequeno para justificar uma estrutura industrial para suprimento das necessidades internas.

Dificilmente qualquer fabricante nos daria licença para competir com ele próprio no mercado mundial.)

O sucesso do empreendimento naquela fase foi garantido por uma decisão crucial, ainda hoje pouco percebida. A FAB, para assegurar um correto nível de assistência técnica, decorrente da fabricação local do Xavante, aceitou a ideia de firmar o contrato de aquisição com a Embraer e não com o produtor italiano Aermaccchi. Isto permitiu à equipe da empresa brasileira conseguir um volume adequado de treinamento para o pessoal especializado e, ao mesmo tempo, contar no Brasil com significativa quantidade de especialistas italianos residentes, os quais deixaram para nós ensinamentos preciosos.

O POUSO

————————————————————————————→

O pouso, para o empreendedor e empreendedora, não significa o fim da jornada. Ele é apenas o momento em que uma etapa da viagem é concluída – e que revela a necessidade de estarmos sempre prontos e prontas para novas decolagens. Os empreendedores e empreendedoras sabem que o desejo de aperfeiçoar a obra iniciada, de abraçar novos desafios e de corrigir o que não funcionou direito faz parte do repertório. Esse é o meu ponto de vista que procurei expor ao longo do texto deste livro. Minha intenção, ao oferecer experiências para sua apreciação, não foi a de ensinar o caminho do sucesso. Feliz ou infelizmente, ainda não foi inventado um mapa infalível, capaz de apontar o destino do sucesso e de ensinar o empreendedor(a) a não cometer falhas – a manter-se sempre na rota que garante a realização do sonho. Tal como numa estrada, os caminhos do sucesso podem ser tortuosos. Por momentos, podemos pensar que nos perdemos, que estamos na direção errada, mas tudo isto, se a fé, a crença, a persistência e o amor aos objetivos forem mantidos, os resultados chegarão, por vezes, não claros nem suficientes, mas de algum modo se mostrarão.

Mencionei apenas os pontos que considero essenciais – mas a forma de colocá-los em prática depende do empenho, do talento, da criatividade e da capacidade de reunir recursos de cada pessoa. O planejamento, no meu entender, é essencial. Mas a flexibilidade não é menos importante. Qualquer pessoa que inicia um negócio hoje em dia sabe da importância de um *business plan* – e do quanto é necessário que ele seja o mais completo possível. Ele é um documento básico, que serve de orientação para o empreendedor(a) e pode ser extremamente útil na hora de se obter recursos junto a um possível investidor(a).

Durante todos esses anos em que lido com negócios, no entanto, nunca vi um *business plan* ser aplicado ao pé da letra. Nunca mesmo. Sempre é preciso fazer ajustes, encontrar caminhos alternativos e ter uma boa dose daquilo que, no jargão popular, é conhecido como jogo de cintura. Sem jogo de cintura não é possível ir muito longe. *(Aliás, a capacidade de estar sempre pronto para as novas realidades, para situações inesperadas, faz parte da rotina de um empreendedor(a). Não existe uma única empresa no mundo, por mais bem-sucedida que seja, em que tudo acontece de acordo com aquilo que o empreendedor(a) sonhou.)* Isso, claro, não significa que seja aceitável passar por cima dos valores éticos e legais para colocar uma empresa de pé. Faz parte do sonho de todo bom empreendedor(a) mostrar sua obra para as outras pessoas – com o orgulho legítimo de quem construiu algo importante. E essa exposição poderá ser mais completa na medida em que não haja, ao longo do caminho, sujeira escondida sob o tapete.

Da mesma forma que não deve passar por cima dos valores consagrados pela sociedade em que vive, o empreendedor(a) não pode se conformar com os "nãos" que ouve em seu caminho. Todo empreendedor(a) que eu conheço se arrepia quando escuta expressões do tipo "isso não é possível", "não dá para fazer" ou " não vai dar certo. " São frases mais comuns do que se imagina na trajetória de todos aqueles que lutam para transformar um sonho em realidade. O conselho é: ouça tudo que disserem os críticos. Sempre há algo a aprender nas observações negativas. Mas não devemos permitir que elas se tornem maiores do que os nossos próprios sonhos. É mais ou menos como um voo. Quando se propõe a voar, o homem desafia as leis da natureza. Mas nunca pode contrariar essas leis – pois isso, na maioria das vezes, significa colocar todo o sonho em risco. Por outro lado, é muito possível que não se possa fazer de um modo, porém sempre existirão caminhos alternativos que nos levem aos objetivos desejados.

———————→

O empreendedor(a) deve trabalhar com aquilo que tem nas mãos – ou melhor, deve se sentir firme no chão para aumentar a largura de seus passos. Durante todo o tempo em que estive na Embraer, fiz tudo o que estava ao meu alcance para buscar o cliente onde quer que ele estivesse.

E, importante, quando o encontrava sempre procurava entender suas necessidades, embora, na maioria das vezes, ele próprio não fosse capaz de nos ajudar, do ponto de vista do fabricante. Precisamos entender que as necessidades do cliente em geral são as presentes e cabe ao empreendedor(a) procurar projetá-las para o futuro e, assim, conceber seu produto para que ele se ajuste à demanda quando ficar pronto.

No caso da Embraer, pela própria trajetória da empresa, confesso que gostei da experiência e, com a ajuda de uma extraordinária equipe *(contar com bons, competentes e entusiasmados auxiliares é extraordinariamente importante)* posso dizer que fomos bem-sucedidos. Criticado no Brasil, nosso Bandeirante fez sucesso no exterior. Motivados pelo Ministério da Agricultura, que muito nos apoiou, desenvolvemos o Ipanema, um avião de aplicação de defensivos agrícolas. Graças à FAB – Força Aérea Brasileira e à Academia da Força Aérea de Pirassununga (SP), pudemos criar o Tucano, um modelo para treinamento militar que foi sucesso no mundo inteiro. Carregando consigo características realmente diferenciadas dos demais aviões de treinamento fabricados até então, acabou sendo comprado por 12 Forças Aéreas, entre as mais expressivas do mundo, como a RAF – *Royal Air Force* – da Grã-Bretanha e *l'Armée de l'Air* da França. Num mercado competitivo como esse, alcançar tais marcas é algo para ser muito comemorado.

O Brasília foi o nosso primeiro avião pressurizado. Capaz de transportar 30 passageiros, complementou o sucesso do Bandeirante, que transportava 18 pessoas, além dos tripulantes.

O nosso primeiro avião, o Bandeirante, transformou-se num marco na trajetória da companhia e representou seu primeiro passaporte para o mercado internacional. Para viabilizar a empresa, foi preciso que a FAB fizesse uma encomenda de 80 unidades do Bandeirante. A entrada no mercado externo dependia das aprovações legais e formais no Brasil e sentimos logo no começo das primeiras tentativas que uma certificação nos Estados Unidos, o maior mercado do mundo, era necessária. O trabalho foi grande mesmo. A carga de documentos e comprovações para adequar o modelo às exigências do governo americano foi expressiva e consumiu mais de três anos.

O Brasília, por sua vez, já nasceu viável. Tanto que a primeira empresa a adquiri-lo foi uma companhia americana, a *Atlantic Southeast Airlines*. Depois vieram clientes alemães, noruegueses, franceses e assim por diante. Foi mais um sucesso internacional da Embraer.

O certo é que fiquei à frente da companhia que lutei para criar até junho de 1986. Naquele mês, deixei a Embraer para assumir Presidência da Petrobrás. Em seguida, em 1990, fui honrado para ocupar o cargo de Ministro da Infraestrutura, durante a gestão de Fernando Collor de Mello. Entretanto não fiquei muito tempo no governo.

Em meados de 1991, retornei e montei um escritório em São Paulo. Mal tinha começado a desenvolver minhas atividades, numa tarde, recebo um telefonema do Brigadeiro Sócrates da Costa Monteiro – que, na época, era Ministro da Aeronáutica. Sócrates tinha sido meu colega de turma de Cadetes da Aeronáutica, no tempo em que a Academia da Força Aérea estava no Campo dos Afonsos (Rio de Janeiro). Desde o tempo de moços, éramos portanto amigos e o nosso relacionamento foi sempre próximo e construído por uma série de pontos em comum. Ele explicou a situação da Embraer, que passava por sérias dificuldades naquele instante, e, sem rodeios, foi direto ao ponto:

— Ozires, disse. Precisamos que você assuma a Embraer e comande o processo de recuperação da empresa que você criou.

Na realidade, nunca fiquei longe da Embraer. Como uma filha querida, embora não participando de sua administração, sofria com suas dificuldades, muitas delas causadas por um cenário internacional claramente adverso e outros consequentes de ações internas do próprio governo federal.

Na verdade, não tinha planos de trocar a vida que estava levando naquele momento e o retorno à Presidência de uma empresa que havia perdido um pouco da velha forma depois de minha saída, era realmente um desafio, o qual não tinha cogitado. A Embraer, agora, embora tendo encolhido dramaticamente, ainda tinha colaboradores(as) demais e encomendas de menos. E, o que é pior, não dispunha de um produto capaz de satisfazer o mercado nem de recursos para desenvolver um novo modelo. Ou seja: vivia um mundo, no mínimo complicado. Meu primeiro impulso foi dizer não. Mas pedi a Sócrates um tempo para pensar. Naquela noite, quando cheguei em casa, Therezinha – minha mulher - estava cozinhando um pacote de miojo.

— O Sócrates me ligou, eu disse.

— O que ele queria?

— Me convidou para voltar à Embraer.

— E o que você respondeu?

— Disse que ia pensar.

— Se eu fosse você, não iria. Sente aí e venha comer miojo.

———————→

Therezinha não deu muita importância ao que eu falei, mas ela sabia, desde o início, que eu jamais recusaria aquele convite. E, de fato, eu aceitei. Quando retornei à Embraer, a empresa vivia momentos e dificuldades realmente complicados.

Me lembrei, então, de uma sensação que tive ainda em 1969 quando, a bordo de nosso primeiro Bandeirante, retornava para São José dos Campos – logo depois da cerimônia de fundação da Embraer, na sede do Ministério da Aeronáutica, no Rio de Janeiro. Naquele dia, eu pilotei o avião de volta para casa. Assim que ele decolou, pensei:

— *Os problemas que temos são do tamanho desse horizonte. Para resolvê-los, temos que saber em que direção voar. Isto ainda não sei, mas amanhã terei de saber!*

Antes mesmo de me inteirar dos detalhes por completo da situação da empresa, já tinha uma noção bem clara do rumo que deveria tomar. Sabia que qualquer plano de ação teria de levar em conta três problemas. O primeiro seria vender para a aeronáutica, para o sindicato dos trabalhadores, e mesmo para a opinião pública, a ideia da privatização. A Embraer só teria chances de sobrevivência se fosse transferida, o mais cedo possível, para as mãos de um controlador privado. *(Essa foi, por sinal, uma condição que combinei com o brigadeiro Sócrates no momento em que aceitei minha volta à empresa. O mundo havia mudado muito desde a criação da empresa e, àquela altura, a empresa precisava de um sócio em condições de capitalizá-la e lhe dar a agilidade necessária para enfrentar os novos desafios que teria pela frente. Isso significa o que o empreendedor(a) precisa, sempre e independente das pressões e crenças do momento, desenvolver a capacidade de fazer a análise menos apaixonada possível das circunstâncias que cercam seu negócio.)*

Sinal dos tempos: se, no passado, houve uma resistência enorme em relação à criação da companhia, o problema, naqueles instantes, era o oposto. Dentro da Força Aérea havia uma resistência enorme à venda da Embraer – pois a empresa era considerada estratégica pelos militares. Este era um ponto positivo. De uma forma ou outra, a Embraer tinha conquistado a confiança do seu maior cliente.

Contudo, essa conquista tinha então um valor negativo. Outro problema da mesma natureza, mas voltado para um público diferente, era convencer os funcionários da necessidade de privatização mesmo sabendo que, para salvar a empresa, teríamos que demitir muita gente. Era preciso implementar, imediatamente, um plano de enxugamento da empresa.

Essa era, com certeza, a mais urgente das necessidades. O mercado havia mudado e a companhia, infelizmente, não havia acompanhado as transformações com a devida atenção. Não faço estas colocações em tom de crítica aos administradores que me sucederam. Estou bastante convencido que se tivesse permanecido à frente da Embraer, é provável que tivesse tomado decisões muito parecidas. Mas o certo é que a empresa havia investido muito dinheiro em um projeto conjunto com a Argentina – o que acabou não dando certo. Foram cerca de vários milhões de dólares empregados num modelo do qual não seria vendido um único exemplar. Tratava-se de um turboélice para 18 passageiros, com cabine pressurizada e capaz de voar a grandes altitudes. Por que não deu certo?

Não deu certo porque era um avião inadequado para seu tempo. O EMB-123, que chegou a ser batizado com o nome comercial de Vector, felizmente não foi fabricado de modo seriado, pois se isso ocorresse, quando chegasse ao mercado, estaria atrasado em relação aos concorrentes.

Começamos a trabalhar. Conversamos com os militares para eliminar as resistências, mas sabíamos que, nas condições em que a empresa se encontrava, a privatização era uma ideia muito distante. Tomamos as providências necessárias para reduzir o quadro de pessoal. Nessa hora, o caminho que escolhemos foi o do diálogo franco com os colaboradores(as). Certa vez, no início dos anos 80, a Embraer foi paralisada por uma greve que coincidiu com o prazo final para a entrega de alguns aviões Brasília encomendados por uma empresa americana. Se não cumpríssemos o prazo, teríamos de arcar com uma multa enorme. Naquele tempo, o governo controlava os reajustes salariais com punhos de ferro para tentar controlar a inflação. Ou seja, nós não tínhamos poder de conceder o reajuste. A situação caminhava para o impasse.

Um dia, quando lutava por uma solução, fui até o caminhão de som do sindicato e pedi para falar. Disse ao pessoal que, se dependesse de nós, o reajuste seria concedido. Mas tudo o que estava ao nosso alcance era agir junto às autoridades de Brasília para conceder o reajuste. Expliquei, também, que a situação da empresa ficaria muito difícil caso não fosse cumprido o contrato. Os colaboradores(as) compreenderam a situação e, mesmo contra a orientação do sindicato, voltaram ao trabalho imediatamente. Utilizei a mesma ferramenta – a sinceridade – no momento em que me vi na obrigação de reduzir o quadro da empresa. A mensagem que eu passei naquele momento foi: os funcionários que ficaram devem se empenhar ao máximo para tentar salvar a empresa. E foi justamente assim que aconteceu.

Esta mesma sinceridade foi fundamental para conseguirmos a privatização da empresa. Conseguimos convencer os empregados, a despeito da oposição dos Sindicatos, que a privatização tinha de ser levada adiante. Um abaixo-assinado pedindo a privatização da Embraer foi levado a Brasília contendo mais de um milhão de signatários. Quem conseguiu aquelas assinaturas foram os próprios funcionários da Embraer, que saíram às ruas de várias cidades para conseguir reunir o número exibido pela legislação. O principal saldo do esforço dos colaboradores(as) para obter essa quantidade enorme de assinaturas foi extraordinário: a motivação. Qualquer colaborador(a) da Embraer daquela época pode se lembrar da real elevação de autoestima que os movia no momento em que lutavam por uma causa na qual efetivamente acreditavam. (*Os empreendedores(as) precisam estar conscientes que muitos podem não acreditar ou mesmo viver o sonho que acalentam. Assim, muitas vezes, algo que nada tem com o empreendimento pode funcionar como centelha de solução de problemas difíceis, com aparência mesmo de insolúveis. A regra para esses problemas parece ser sempre a mesma: lidar com seres humanos requer soluções humanas*).

Iniciado o processo de privatização, teríamos que lidar com o problema burocrático criado pela Lei Federal das Privatizações e com as naturais dificuldades que cercavam o processo. Demorou três anos para que ele fosse completado.

Em que pesasse todo o esforço feito, estávamos convictos que se a privatização era necessária, certamente não seria suficiente. Viver três anos na dúvida de como seria o futuro pareceu-nos, de imediato, pouco suportável. Era fundamental encontrar uma solução para trabalhar sobre um produto à altura das exigências do mercado, para a época que a Embraer estivesse privatizada

Lembrávamo-nos que, se na década de 70, precisávamos provar que éramos capazes de construir aviões confiáveis e viáveis sob o ponto de vista econômico, naqueles momentos a agenda teria de ser repetida. No entanto, o problema era maior. Não tínhamos recursos para aplicar na criação de um novo modelo, mas tínhamos em mãos um notável patrimônio: o mercado reconhecia na Embraer a capacidade de fazer bons aviões. Ou seja: todo o capital de que a empresa dispunha naquele momento era sua capacidade, sua inteligência e sua boa reputação. E foi àquele patrimônio que recorremos na hora de desenvolver o produto que salvou a empresa da bancarrota.

———————→

Desde anos anteriores, os administradores(as) pensavam que havia lugar no mercado, sobretudo no internacional, para um jato para 45 ou 50 passageiros. Muitos estudos tinham sido feitos em torno da ideia – que aproveitava uma série de detalhes do projeto do Brasília, do próprio EMB-123 e também do avião de caça AMX – projeto desenvolvido para a FAB e para a AMI – Aeronáutica Militar Italiana, sob encomenda de ambas as Forças Armadas. No plano interno, buscamos trazer de volta todas as informações disponíveis e elaborar uma especificação de um aparelho que fosse vencedor no final da década dos 1990 e no início da dos anos 2000.

Conseguimos bater o martelo numa especificação de um avião que, imaginávamos, faria o maior sentido. Decidimos avançar e, na ausência de recursos financeiros no Brasil (em grande parte devido ao próprio processo de privatização no qual a empresa vivia) saímos pelo mercado mundial em busca de parceiros que dividissem conosco os riscos do investimento. Vendemos o avião em pedaços. Cada empresa fabricaria uma parte, e a Embraer os integraria e faria as vendas. Quando isso acontecesse, as empresas parceiras receberiam sua parte. Era o conceito de globalização sendo posto em prática em toda sua extensão por uma empresa brasileira.

Hoje, ainda fico surpreso pelo fato de a ideia ter dado certo. A Embraer estava praticamente quebrada. Vivia um projeto de privatização e, no momento em que procuramos os parceiros, ninguém era capaz de dizer o nome do futuro acionista da empresa. Mas o fato é que o projeto deu certo. A credibilidade da empresa foi crucial para materializar uma tal estratégia.

Foi assim que as asas foram feitas pela Gamesa, da Espanha – para onde 60 engenheiros brasileiros permaneceram longo tempo, com a missão de desenvolver o projeto em conjunto com os técnicos espanhóis. Parte do estabilizador vertical foi contratado no Chile. Empresas da França, da Inglaterra e da Bélgica também aderiram ao projeto.

Nos Estados Unidos conseguimos vários parceiros, para a eletrônica, a eletricidade e para outros itens menores.

Em pouco tempo, as revistas internacionais começaram a falar de nosso novo projeto. Um dia recebi um telefonema de um antigo conhecido, Blake Wallace, que era presidente da Allison, uma divisão da General Motors que na época fabricava motores de avião. Tinha tido sucesso com os motores do famoso Lockheed Electra e com turbinas menores para helicópteros.

— Vocês vão precisar de motor para esse avião, disse ele.

Nossa primeira intenção foi recusar. A Allison não tinha um motor com características de peso e de potência compatíveis com um jato de pequeno porte, como o ERJ-145. E tudo o que não queríamos naquele momento era ter que desenvolver um avião novo com motor novo, uma conhecida regra aeronáutica de enormes dificuldades. Queríamos algo que já estivesse testado e aprovado, pois não teríamos direito à segunda chance daquela vez. Nossa tendência era optar por um outro motor, da General Electric, que era compatível com o nosso avião, mas considerado de alto consumo. Expus a Blake minha preocupação em relação à dupla novidade, tanto o avião como motor serem novos. Ele pediu tempo para pensar e marcou uma reunião no Brasil.

Blake veio ao Brasil com alguns engenheiros de seu corpo técnico e se reuniu com o nosso pessoal. Discutimos várias possibilidades. Embora os receios, a solução começou a se firmar quando foi sugerido o uso da seção quente dos motores que equipavam os Electra e os Lockheed C-130, dois produtos de sucesso mundial. Os motores de ambos os aviões já tinham voado milhões de horas, com históricos de desempenho muito positivos. Blake insistia, se considerássemos – e era verdade – que a seção quente dos motores jogava intensa importância no produto final, as hipóteses de risco seriam significativamente reduzidas.

— Ainda em dúvida, e buscando tempo para pensar, perguntei:

— Quantas horas essas seções quentes acumularam?

— Cerca de umas cinco milhões de horas de voo, disse Blake.

A ideia de Blake soava como uma opção viável e, assim, nasceu o motor do ERJ-145. Parecia que estava tudo resolvido, mas precisávamos de dinheiro e fomos adiante:

— Mas nós queremos uma contribuição sólida de vocês para o nosso projeto!

Blake, certamente pronto para a resposta, em face de discussões anteriores, prontamente, assinalou que a Alisson, acreditando na Embraer, contribuiria com 30 milhões de dólares para o desenvolvimento do projeto no Brasil.

(Aliás, a capacidade de gerar confiança nos parceiros é essencial para um empreendedor(a) levar adiante sua ideia. Ele precisa demonstrar consistência em relação a seus objetivos e, sobretudo, manifestar seriedade. Ser honesto nas relações comerciais é fundamental. Um velho amigo dizia que se o desonesto soubesse como é bom ser honesto, seria honesto somente por desonestidade. É uma brincadeira, claro. Mas é completamente válida.) O ERJ-145 foi um sucesso. Quando pronto, na fase em que a Embraer já estava privatizada, as encomendas que recebeu deram à empresa o fôlego necessário para superar as dificuldades e voltar a crescer.

———————→

Uma das características que mais prezo no empreendedor(a) é sua capacidade de acreditar naquilo que faz. Pense na seguinte cena: uma asa é feita na Espanha e despachada para São José dos Campos e encaixada na fuselagem de um avião. Depois que acontece, todo mundo olha e diz: "É óbvio que dá certo". Antes, no entanto, o óbvio é não dar certo. O rigor técnico para que toda a metrologia funcione, realmente não é óbvio. Ao contrário, um grande esforço tem de ser colocado nessa área.

Do mesmo modo, a reação natural das pessoas diante da ideia de um novo empreendimento é dizer que não dará certo. Isso vale para uma fábrica de aviões, para um novo *software*, para uma loja de artigos femininos, para um restaurante, enfim, para qualquer organização produtiva. É preciso que apareçam uns chatos, que decidem vestir a roupa de empreendedores(as), que acreditem naquilo, que lutem e façam tudo dar certo. Esse é o papel que a sociedade e os investidores(as) esperam: fazer as coisas acontecerem.

―――――――→

Deixei a Embraer quatro meses após a privatização que ocorreu em dezembro de 1994. Foi emocionante o leilão de venda, ocorrido na Bovespa – Bolsa de Valores de São Paulo. Tínhamos lutado bastante para interessar capitais nacionais que, para nós, seriam importantes para manter o controle da empresa no Brasil. Estávamos convencidos de que seria crucial assegurar que teríamos sempre marcas próprias, tecnologia própria e o controle da rede de distribuição e de vendas. Sinceramente, não consegui acompanhar o leilão na velocidade com que o leiloeiro o conduziu. De repente, fui chamado, deram-me um martelo de madeira e disseram para bater numa base, gritando:

- "Vendida!!!". Foi o que fiz e, logo depois, perguntei:

- Para quem?

Fiquei feliz com o resultado. Os novos acionistas eram a PREVI – Fundo de Previdência dos Funcionários do Banco do Brasil, a SISTEL – Fundação Sistel de Seguridade Social e o Banco Bozzano Simonsen. Ganhamos com o capital nacional.

A empresa encontrou o caminho do sucesso. Até quando? Isto ninguém sabe, mas o que nos impressiona é a vitalidade que a nova Embraer tem encontrado de se inovar e de tentar novos caminhos *(esta precisa ser a preocupação constante do empreendedor(a). Embora o sucesso do presente, permanentemente imaginar que ele somente se perpetuará com ideias novas, com novos investimentos e produtos, os quais precisam ser planejados com cuidado, de modo a se adequarem às possíveis demandas do mercado no futuro).*

Algum tempo depois de deixar a Embraer, assumi a presidência da Varig – que deixei sem encontrar uma solução para aquela que era a mais conhecida empresa aérea do Brasil. No dia que estava para deixar a companhia, recebi uma visita de pessoas que me convidaram para integrar uma Organização Não Governamental, a Academia Brasileira de Estudos Avançados, que tinha por missão se colocar entre a pesquisa científica ou tecnológica e o mercado. Em outras palavras, pretendia ser uma ponte que permitisse a comercialização dos resultados conseguidos pela Ciência e pela Tecnologia no país. Asseguro que foi uma experiência interessante e rica. Este processo recebe significativos apoios dos governos dos países mais desenvolvidos, mas no Brasil os mecanismos de apoio são realmente fracos.

Foi no rastro dessa organização que criamos, em 2003, a Pele Nova, uma empresa de biotecnologia. Tem um perfil semelhante ao que tinham as concepções que levaram à criação da Embraer, no final da década de 1960. A ideia era a de criar um produto inovador, com base em tecnologia brasileira numa área em que o país ainda carece de tradição e de reconhecimento internacional. Embora a implantação da empresa tenha sofrido alguns revezes (como a própria Embraer), acreditamos no seu sucesso a longo prazo.

A tecnologia que deu origem à nova empresa surgiu em 1994, quando a pesquisadora Fátima Mrué, da Universidade de Goiás, ganhou um estágio num Instituto de Pesquisas no Japão, que, na época, tinha como investigação principal a concepção e ensaios aplicando próteses artificiais no aparelho digestivo de seres humanos. A então aluna da Universidade de Goiás conheceu alguns dos tipos mais modernos de prótese de esôfago. Era um tubo de silicone revestido com gelatina, conhecido como Prótese de Takimoto, em homenagem a seu criador. Tinha tudo para ser uma inovação, a qual funcionava bem no Japão, mas não conseguiu ser reproduzido no Brasil, após o regresso da Dra. Fátima.

Insistindo na busca de resultados, a pesquisadora, disposta a levar adiante seu estudo sobre as próteses, procurou pelo professor Joaquim Coutinho Netto, que lecionava bioquímica na Faculdade de Medicina da Universidade de São Paulo, em Ribeirão Preto. Coutinho havia feito pesquisas que utilizavam o látex da seringueira como matéria-prima para pequenas próteses. Ela o procurou. No princípio, ele não manifestou muito interesse. Estava envolvido com uma nova linha de pesquisa que considerava mais promissora. Disse que estava trabalhando em outro projeto, mas que poderia ajudá-la – desde que ela trouxesse de volta todos os relatórios que ele havia produzido anteriormente sobre as próteses. Imaginou que ela levaria dias para reunir a papelada, ou que talvez nem conseguisse dar conta da tarefa. Mas, no dia seguinte, Fátima apareceu com todos os relatórios. Coutinho percebeu que ela estava disposta a levar a ideia adiante. Retomaram as pesquisas e, com o tempo, ficou nítido para os dois que estavam diante de um filão promissor. E completamente inexplorado.

Os dois cientistas realizaram uma série de testes com cães, usados como cobaias, e neles aplicaram esôfagos artificiais feitos do material que tinham desenvolvido. Eles perceberam que alguns produtos derivados do látex tinham a capacidade de induzir uma intensa vascularização sanguínea, abrindo espaço para neoformação celular e tecidual.

Numa certa época, foram surpreendidos pela constatação de que os cães que apresentavam lesões graves, inesperadamente, passaram a expelir as próteses junto com as fezes. Os cientistas chegaram a temer que os animais viessem a morrer, pois imaginavam que estariam sem esôfago. Contudo, repararam que o tecido melhorava na medida em que o tempo passava. Descobriram, então, que o produto, derivado do látex, tinha uma extraordinária tendência *angiogênica*, ou, ativa a circulação sanguínea onde aplicado.

Prosseguiram em frente e, depois da confirmação dos resultados com animais, Fátima e Coutinho obtiveram a aprovação do Hospital das Clínicas da Faculdade para utilizar o medicamento no tratamento de ulcerações em pacientes humanos. Os resultados foram superiores aos produtos similares hoje existentes no mercado. A partir daí foi criado o Biocure, o nome comercial que decidimos dar ao produto, o qual está chegando ao mercado a um preço equivalente a apenas 2% do concorrente mais barato. Recentemente, o nome comercial passou a ser Regederm.

As pesquisas em torno do princípio ativo estão sendo concluídas e novos usos para o produto – inclusive cosméticos – estão sendo pesquisados. Ou seja: é um passo pequeno que pode resultar num avanço de muitas léguas. Exatamente como foi a Embraer. Acreditei neles e resolvi apoiá-los. Já conseguimos os recursos necessários para o registro mundial da patente e para a construção de uma fábrica, que funciona a pleno vapor, no Mato Grosso do Sul.

(A pessoa empreendedora não precisa, como muita gente ainda acredita, deter o conhecimento técnico sobre o produto de sua empresa. Isso, em muitos casos, ajuda, mas não é necessário. O que ela precisa, fundamentalmente, é acreditar na ideia. Conheço grandes construtores que são incapazes de apertar um parafuso. Mas eles sabem como funciona e para que serve aquilo que fazem. Precisa saber, antes de tudo, qual utilidade terá o seu produto ou serviço para seus potenciais clientes e o quanto eles estarão dispostos a pagar para adquirir aquilo que você fabrica. Esse é o segredo.)

———————→

Conselhos, em geral, não funcionam. Exemplos, sim, estes chegam para ficar. Assim, não poderia pôr um ponto final nesta carta antes de oferecer um pouco de minha visão a respeito do ambiente em que se fazem negócios no Brasil. Ele é difícil. Como já disse, por aqui impera a lei do "não pode". Mas é preciso confiar e lutar pelo que se acredita. E é preciso ter os olhos sempre no mercado. Quando iniciamos o projeto do Bandeirante, muitos tentavam nos dissuadir da ideia sob o argumento de que não havia ninguém fabricando um avião como aquele, nem no Brasil nem no mundo. Longe de nos irritar com aquele tipo de opinião, trazia-nos um pensamento:

— Enquanto não tem ninguém fazendo o mesmo, não temos concorrentes.

Ou seja: sair na frente é sempre uma vantagem. Estar adiante dos outros, ter interesse nas inovações – que deverão ser postas a serviço dos clientes – tudo isso é fundamental. Na minha juventude, em Bauru, não tínhamos recursos para comprar uma caneta tinteiro. Custava caríssimo. Até que um dia, veio um francês e descobriu que, se substituísse a pena da caneta por uma pequena esfera, poderia reduzir o custo e dar mais eficiência para o objeto. Hoje, todo mundo pode ter caneta. Pensar na necessidade das pessoas e na utilidade que o produto ou o serviço poderá ter para elas é o verdadeiro segredo.

Todo empreendedor(a), pelas dificuldades que enfrenta e pelos obstáculos que supera, deve saber que, em matéria de relações humanas, a menor distância entre dois pontos nem sempre é uma reta. É preciso conversar, ter paciência, saber persuadir, ser perseverante e atento para os escoadouros de recursos que, se não forem fechados, poderão levar a empresa à morte por inanição. Alguns obstáculos devem ser contornados; outros combatidos frente a frente. Não confundir um obstáculo com o outro é fundamental – e isso depende muito mais da sensibilidade e da atenção de quem vive o problema do que de uma receita preparada por quem está de fora. Outra coisa: no Brasil, os recursos para novos empreendimentos existem, mas não são abundantes. Ainda não faz parte de nossa tradição cultural investir em bons projetos. Tudo isso torna a caminhada difícil, às vezes desgastante. Muitas vezes paramos para nos perguntar: para que fazemos tudo isso?

Há várias respostas possíveis para essa pergunta. Muitos buscam o sucesso puramente material, o que não deveria ser o caso das pessoas empreendedoras. Sem dúvida, o resultado financeiro ou material é essencial, mas não é o mais compensador. E a compensação sempre chega. De uma forma ou de outra, a recompensa sempre vem. Algum tempo depois de criarmos a Pele Nova, recebi um telefonema de uma senhora.

— Eu queria agradecer ao senhor. Estou feliz da vida porque hoje eu vou comprar um sapato.

Não entendi o que ela queria dizer. Ela me explicou que era diabética. Tinha problemas de cicatrização e havia 17 anos que não conseguia usar um par de sapatos. Começou a usar o nosso Regederm e, em pouco tempo, as feridas se cicatrizaram. Naquele dia, aquela senhora estava saindo para comprar o primeiro par de sapatos. Confesso que fiquei emocionado. Como é bom ouvir uma história como essa! Quando isso acontece, me sinto pago por uma porção de desaforos que já tive de escutar. Então, me encho de energia e fico zero quilômetro. Pronto para começar de novo.

Finalizo com uma pequena estorinha. Conta-se que, na antiguidade, um rei prometeu recompensas ao súdito que lhe pudesse dizer quais seriam as três coisas mais importantes da vida. Alguém lhe respondeu à pergunta:

A primeira é o momento atual, aquele em que estamos vivendo, nem antes nem depois, simplesmente agora. A segunda, a pessoa com quem estamos falando, e a terceira, muito importante, é fazer essa pessoa feliz.

Assim, meus caros empreendedor e empreendedora, muna-se com amor no coração e com um sorriso nos lábios e seja vencedor e vencedora.

———————→

Espero que minhas experiências tenham sido úteis para fazer com que você perceba a importância de seu sonho e sinta-se forte para levá-lo adiante.

COM O ABRAÇO DO OZIRES.

- editoraletramento
- editoraletramento
- grupoletramento

- editoraletramento.com.br
- company/grupoeditorialletramento
- contato@editoraletramento.com.br

- casadodireito.com
- casadodireitoed
- casadodireito

Grupo Editorial LETRAMENTO